LE COMTE
AGÉNOR DE GASPARIN

PAR

TH. BOREL

SIXIÈME ÉDITION

PARIS

J. BONHOURE ET Cie, ÉDITEURS

48, RUE DE LILLE, 48

1879

LE COMTE

AGÉNOR DE GASPARIN

IMPRIMERIE D. BARDIN, A SAINT-GERMAIN.

LE COMTE

AGÉNOR DE GASPARIN

PAR

TH. BOREL

SIXIÈME ÉDITION

PARIS

J. BONHOURE ET Cⁱᵉ, ÉDITEURS

48, RUE DE LILLE, 48

1879

Il est des hommes qui, par le courage
qu'ils ont apporté à défendre les droits me-
nacés ou méconnus de la justice, par la
persévérance qu'ils ont mise à servir les
grandes causes de la vérité, ont bien mé-
rité de leur génération. L'autorité de leur
parole, la puissance de leurs écrits, ont raf-
fermi les fondements ébranlés de la famille
et de la foi. Solidement appuyés sur d'im-
muables principes, ils ont travaillé à dissiper
les ténèbres que nos passions accumulent

a

ici-bas ; ils ont montré les sentiers qui mènent en haut, les sommets que l'humanité doit atteindre, si elle veut accomplir ses glorieuses destinées. Ouvriers intelligents et fidèles, ils ont appliqué leurs facultés, consacré leur vie à la tâche qu'ils avaient mission de remplir. Leurs œuvres sont classées par la critique. L'avenir confirmera ou révisera les arrêts qu'elle a portés.

Mais l'auteur lui-même, son existence intime, le foyer d'où les flammes ont jailli, son âme, source des sentiments qui ont ému les auditeurs et les lecteurs, son être moral, en un mot, présente le sujet d'une étude dont l'intérêt est d'autant plus intense que la pensée a été plus élevée et l'influence plus étendue.

L'œuvre du christianisme, c'est d'avoir arraché le monde à la décomposition sous laquelle il se mourait, c'est de l'avoir placé sur la route du perfectionnement indéfini; la gloire du christianisme, c'est d'avoir créé des caractères qui approchent de cet idéal, dont tous nous sentons les aspirations s'émouvoir dans notre âme. Si la couronne de l'humanité se compose des génies qui ont brillé dans les régions de la science, des arts et des lettres, son trésor le plus précieux est formé de ces caractères et de ces vies qui dans tous les rangs, qui dans tous les siècles, ont porté la forte empreinte du sceau divin.

Le travail qu'on présente ici au public est rédigé sur des notes authentiques, d'une absolue vérité, confiées par une main sûre et fidèle.

L'auteur a eu ce privilège, de connaître

personnellement le Cte Agénor de Gasparin. Passant chaque année quelques jours sous son toit, à Valleyres ; soutenant avec lui les rapports d'une amitié cordiale, il l'a étudié, éclairé par cet esprit d'observation que donnent une vie sérieuse et d'habituelles relations avec toutes les classes de la société. En opposition avec M. de Gasparin sur la question ecclésiastique, l'auteur n'a pas écrit une ligne sans se mettre en garde contre les entraînements de l'affection que lui avait inspirée un aussi beau caractère. Prendre l'encensoir, c'eût été méconnaître l'humilité de son modèle, c'eût été en amoindrir la réelle grandeur. Une biographie, d'ailleurs, n'a de valeur que par sa rigoureuse exactitude.

Le rédacteur se fait-il illusion ? En rappelant les foules qui, durant l'hiver, se pres-

saient à Genève, autour de l'éloquent confé-
rencier ; en recueillant les témoignages
d'admiration et de reconnaissance qui lui
sont journellement rendus parmi nous, sept
ans après sa mort, au milieu d'un siècle
oublieux et surchargé, l'auteur croit acquit-
ter une dette de son pays. Sur cette terre,
d'ailleurs, où l'écho de la gloire s'éteint
plus vite encore que la popularité, redire
ce qu'a été ce bon chevalier de toutes les
causes de la justice, présenter au monde ce
type du vrai chrétien, c'est faire œuvre salu-
taire, autant qu'acte d'équité.

Soutenu dans son travail par le charme
de cette figure sympathique et radieuse,
l'auteur l'a été plus encore par un autre
sentiment : l'espoir d'exciter l'émulation de
cette jeunesse dorée de France et de Suisse,
dont les mollesses, les futilités, les égare-

ments, ruinent l'âme et détruisent les facultés.

Une vie qui n'est pas un rêve de l'imagination, une vie mêlée aux grandes questions du siècle, aux détresses et aux gloires de la patrie, aux luttes politiques, aux séductions du monde, aux agitations de l'Église, aux émotions de la famille, une telle vie ne réveillera-t-elle point, ne relèvera-t-elle pas tout individu chez qui les nobles flammes ne sont pas entièrement éteintes ?

Oh ! que de tristesses, que de larmes seraient épargnées aux femmes et aux mères, si les cœurs, au lieu de s'attacher à la poussière du néant, s'éprenaient enfin des intérêts supérieurs ! Que d'existences perdues, pour avoir résisté à la voix divine qui leur disait les fières joies du devoir ! Quel avenir, quelle grandeur pour le peuple qui, parmi ses fils, compterait beaucoup de citoyens d'une trempe et d'une élévation pareilles à l'individualité dont nous allons esquisser les traits !

Th. BOREL.

Genève, novembre 1878.

ÉDUCATION

ÉDUCATION

Le comte Agénor de Gasparin naquit à Orange
le 12 juillet 1810. Il appartenait à la famille corse
des Gaspari, dont la branche aînée s'est éteinte
en 1840, dans la personne du comte Luce de
Gaspari-Belleval. La branche cadette s'était éta-
blie en France avec Ornano, vers le milieu du
XVIᵉ siècle. Elle possède encore, au cap Corse, la
torre dei Gaspari, qui lui a été transmise par son
chef, le comte Luce de Gaspari-Belleval. L'église
de Morsiglia renferme plusieurs tombeaux de ses
aïeux. (1)

Par sa grand'mère, M. de Gasparin descendait
en ligne directe de Jean de Serres, historiographe

(1) Voir note à la fin du volume.

de France sous Henri IV. Du côté paternel et du côté maternel, ses ancêtres avaient suivi la carrière des armes. Son père (1) l'avait également embrassée. Successivement préfet, pair de France, ministre de l'intérieur, membre de l'Académie des sciences, le Cte Adrien de Gasparin était un des administrateurs les plus distingués qu'ait possédés la France, un homme qui alliait beaucoup de fermeté à beaucoup de bonté, une grande facilité de caractère à une rare capacité de travail. Ses œuvres scientifiques font loi.

La reconnaissance des agronomes de France et de l'étranger lui a élevé en 1864 une statue à Orange, sa ville natale.

Il avait épousé Mlle Adèle de Daunant, d'un esprit sérieux, d'un cœur vaillant et tendre, à la fois chrétienne et spartiate.

Jusqu'à l'âge de douze ans, Agénor de Gasparin

(1) Mort en 1862.

a vécu à Orange avec son frère Paul (1), sous une saine discipline d'études largement coupées par les exercices corporels auxquels il se livrait avec passion, montant à cheval, et nageant à pleines brasses dans la rivière d'Aygues. Il se régalait, après cette gymnastique, d'un oignon cru et d'un morceau de pain, croqués à belles dents. Hanté d'idées stoïques, il lui arrivait fréquemment, pour s'exercer à la douleur, de mettre des cailloux dans ses souliers et de marcher aussi longtemps que possible ainsi lesté, d'autant plus ravi que la souffrance était plus aiguë (2).

Sur cette aube pure et déjà colorée se détache la figure d'un homme dans la vigueur de l'âge, nature poétique, généreuse, chevaleresque, pétillante d'esprit : M. Auguste de Gasparin, l'oncle de prédilection. Il suivait et encourageait ses

(1) Le Cte Paul de Gasparin, ancien député, maire d'Orange, suit avec succès la carrière scientifique de son père.

(2) Coïncidence bizarre, son futur beau-frère et celle qui devait être sa femme en faisaient autant, à la même heure, au Rivage, et s'intitulaient modestement : les Hercules du Nord !

neveux dans les exploits gymnastiques que leur facilitait son affection.

Les deux frères avaient pour précepteur M. Schaeffer, Alsacien, érudit excellent, dont la science pédagogique, éclairée par l'expérience du père de ses élèves, ne mettait que des idées justes dans ces jeunes cerveaux. Rien à désapprendre plus tard, comme il arrive trop souvent pour le grand nombre.

En automne, la famille allait passer quelques semaines à Pomerol, au pied des Alpines. Agénor de Gasparin en a gardé un souvenir frais et idéal comme de tous les bonheurs de son enfance. C'est un pays plus accidenté qu'Orange. On y menait la vie des champs. Les longues promenades, quelques excursions alpestres initiaient déjà l'enfant à cette poésie de la nature dont peu d'hommes plus que lui ont apprécié les charmes et connu les ravissements.

Entre l'étude, la gymnastique et les jeux en plein air, Agénor trouvait les caresses d'une mère ambitieuse d'énergie, de vertu pour ses fils, les

entretiens familiers d'un père savant et affectueux, les peines fugitives et les joies du foyer.

Chaque soir, le père, tenant les deux enfants
sur ses genoux, leur chantait *Malb'rough s'en va-
t-en guerre!* Aux deux derniers vers :

> La cérémoni' faite
> Chacun s'en fut coucher,

la bonne s'avançait pour emmener les frères.
Aussi, lorsqu'ils voyaient venir le couplet fatal :
— « Pas la cérémonie ! pas la cérémonie ! » s'é-
criaient-ils d'une seule voix. Et bientôt le som-
meil avait raison du gros chagrin qui revenait
tous les jours.

Ces premières années ont laissé dans le cœur
d'Agénor de Gasparin une empreinte qui devait
se compléter plus tard. On la retrouve dans son
beau livre : *La Famille.* « Mes yeux, écrit-il, se
dirigent vers un temps qui ne reviendra pas,
vers des visages aimés que je ne reverrai plus
sur la terre ; oui, je me rappellerai toujours
cette bibliothèque de mon père dans laquelle

nous avons passé, nous enfants, tant d'heureuses heures, allant de la machine électrique aux beaux livres d'images, visitant les rangées de volumes qu'on nous permettait de toucher, les voyages, l'histoire, et recueillant un à un les souvenirs ineffaçables qui viennent encore, tant d'années après, réveiller les meilleurs sentiments de nos cœurs (1). »

Mais le système de l'éducation privée n'entrait pas dans les habitudes du temps. Le père, d'ailleurs, prévoyant pour ses fils une carrière publique, voulait les mettre de bonne heure en contact avec le monde.

A douze ans, Agénor quitta la maison paternelle, accompagné de son frère, pour se rendre à Paris où M. et Mme de Gasparin conduisaient leurs deux fils, qu'ils devaient y laisser.

(1) *Droits du cœur*, p. 82.

LE LYCÉE

LE LYCÉE

Le lycée *Louis le Grand*, où Agénor de Gasparin entra avec son frère Paul, fut donc pour lui le vestibule du monde : vestibule qui lui parut bien sombre et qui ne lui laissa que de pénibles souvenirs. Il en parlait avec amertume. Il a toujours regardé les lycées — internat — comme un intermédiaire entre la prison et le couvent, comme la vie de garnison appliquée à l'étude, bien plus, comme un milieu dépravant, comme un foyer de corruption. Les esprits sérieux, qui voient vrai parce qu'ils regardent à fond, portent le même jugement. Après le nid de la famille, voici les murs froids et nus du monastère; après

l'ordre des leçons particulières modifié avec intelligence, vient l'invariable routine du régiment ;
aux libres excursions dans la campagne exubérante de vie, succède le défilé monotone et régulier à travers les rues de Paris. Si le frottement
avec les condisciples, abattant quelques angles
du caractère, le trempe et lui donne une virilité
qu'on n'acquiert pas toujours sous le toit paternel, c'est trop souvent au détriment du cœur qui
souffre ou s'endurcit. La souffrance pour Agénor
fut réelle, permanente, mais loin de produire
l'endurcissement, elle accrut la délicate sensibiité de son cœur.

Quel bonheur intime, profond, lorsque durant
les trop courtes vacances il revenait chez les
siens ! Il reprenait avec ardeur ces exercices du
corps dans lesquels il excella bientôt. L'oncle
chéri qui avait fait de lui un bon marcheur, un
intrépide écuyer, avait toujours quelque cheval
indompté au service de ses neveux. Hélas !
l'heure du retour à Paris sonnait trop vite, et à
cette vie ensoleillée succédait la prison.

Il y a dans les collèges de France un être malheureux, surveillant en sous-ordre, appelé à
maintenir une espèce de discipline durant les
classes et les récréations. Objet des moqueries,
des colères, des conspirations d'élèves qui voient
en lui un ennemi contre lequel toutes les méchan-
cetés sont de bonne guerre, on le nomme *pion*.
Cette espèce de geôlier, d'autant plus à plaindre
que sa consigne est toute de répression, excita
d'emblée les sympathies du nouveau lycéen. Il
ne s'associa pas une fois aux mauvais tours qu'on
machinait contre le *pion*, et ses souvenirs ont
classé le souffre-douleurs parmi ces êtres privés
de soleil, condamnés à respirer une atmosphère
froide et desséchante, parias du monde civilisé
qui ont droit à nos meilleures compassions.

Durant son séjour au lycée, Agénor eut plus
d'une fois la visite de ses parents. Son cœur
s'épanouissait alors ; il retrouvait les tendresses
de la famille. Mais ces tendresses, un fait qui ne
se produisit que bien plus tard va nous mon-
trer qu'elles n'avaient rien d'amollissant et ne

s'exerçaient pas aux dépens des virilités du caractère.

En 1831, — Agénor était alors âgé de vingt et un ans, — le choléra, soudain abattu sur Paris, y exerçait ses ravages, faisant d'innombrables victimes parmi toutes les classes de la population. Quelques établissements particuliers d'éducation se fermèrent; on songea un moment à renvoyer dans leurs familles les élèves des lycées; beaucoup de parents faisaient revenir leurs enfants. Mme de Gasparin, à qui son mari avait offert de rappeler ses fils, les laissa dans leurs chambres d'étudiants, disant : « que les jeunes gens, pour devenir hommes, doivent apprendre à ne pas fuir devant le danger. » La mère chrétienne savait à qui elle remettait son plus précieux trésor; la Spartiate préparait l'athlète.

Retournons au lycée. Agénor de Gasparin, qui y avait remporté d'éclatants succès, le quitta, suivit plusieurs cours, et se livra spécialement à l'étude du droit, indispensable à toute carrière publique.

C'était pour la France une brillante époque de renaissance et de vie intellectuelle. Après les guerres de l'empire, après l'asservissement des esprits à un régime despotique, les souffles généreux de la vie, entretenus par la parole des plus illustres professeurs, embrasaient la génération nouvelle. Une jeunesse ardente se pressait autour des Royer-Collard, des Guizot, des Cousin, des Villemain, dont la voix rencontrait des échos jusque dans les moindres localités de la France. Les œuvres des Casimir Delavigne, des Lamartine, des Victor Hugo, étaient entre les mains de tous les étudiants; la vie publique s'exaltait dans les escarmouches, dans les combats corps à corps, dans les grandes batailles que se livraient classiques et romantiques : duel littéraire qui en voilait un second, plus général, moins bruyant, bien autrement redoutable, entre le parti jésuitique et réactionnaire d'un côté, de l'autre les aspirations modernes à la liberté et à la lumière.

Le Cte Agénor de Gasparin fut tout entier de cette époque de travail et d'enthousiasme. Son caractère impétueux, son âme indépendante aspiraient ces chaudes effluves ; sa mémoire gardait les *Messéniennes* de Casimir Delavigne, les plus belles odes de Victor Hugo, les ïambes de Barbier ; il se sentait moins attiré peut-être par la poésie un peu vague de Lamartine.

Il suivait avec un puissant intérêt les débats politiques : assister à une séance de la Chambre, quelque jour de tumultueuse discussion, c'était une fête pour lui.

Quand éclata la révolution de 1830, il fit, en sa qualité de garde national, le coup de feu, voyant dans cette lutte — comme toute la jeunesse éclairée de France — une question de vie et de mort pour son pays.

D'incessantes décharges, partant d'une maison bourgeoise, s'abattaient sur son bataillon. Échauffés par le soleil, enivrés par la poudre, courroucés par la résistance, exaspérés par la vue de leurs blessés et de leurs morts, les gardes nationaux forcèrent l'entrée et se disposaient à tout massacrer, lorsque Agénor de Gasparin prit la défense des prisonniers, les couvrit de sa personne, et ne les quitta qu'après les avoir remis aux mains de l'autorité provisoire.

Les trois journées avaient accompli leur œuvre. Fermant sa porte aux agitations du Forum, le jeune étudiant acheva son droit et prit son diplôme d'avocat. C'était le couronnement d'un plan d'études solides, mais ce n'en était pas le but. Agénor de Gasparin ne plaida jamais. La haute position de son père lui ouvrait des perspectives qui répondaient mieux à ses instincts. Élevé pour la vie publique, ses facultés l'appelaient à jouer un rôle important. Il l'avait compris ; il y aspirait.

Les traductions en vers de poésies grecques, les succès du lycée avaient caressé l'amour-propre de l'adolescent ; le jeune homme sentait se déployer les ailes de l'ambition.

CARRIÈRE PUBLIQUE

CARRIÈRE PUBLIQUE

La carrière publique donna au Cte Agénor de Gasparin la connaissance des hommes et la pratique des affaires.

Il débuta par une mission de haute confiance. C'était en 1833 ; Agénor de Gasparin avait alors vingt-trois ans.

La ville de Lyon, dont son père était préfet, venait de s'insurger ; les nouvelles n'arrivaient plus ; les esprits, partout surexcités, inspiraient de vives inquiétudes au gouvernement. Aucune voie ferrée ne sillonnait encore la France ; les communications, toujours lentes, se trouvaient {interrompues. Il fallait à tout prix envoyer des instructions secrètes au préfet de Lyon ; on ne pouvait arriver dans la ville en pleine révolution, qu'en traversant des départements hostiles ou douteux.

M. Thiers, alors ministre de l'intérieur, appelle auprès de lui le fils du préfet de Lyon, et lui demande s'il veut tenter l'aventure. Gasparin ne répond qu'un mot : Oui ! et part immédiatement ; chaque instant de retard aggravait la situation. Il courut la poste jour et nuit, d'abord dans une voiture légère qui se brisa, puis dans une charrette, ses dépêches sur la poitrine, des pistolets sous la main. Il atteignit Lyon au moment où l'ordre reprenait le dessus ; l'inébranlable courage, le calme imperturbable du préfet avaient dompté l'émeute.

Ce qu'on nomme le bonheur des circonstances, le bonheur des positions toutes faites, exerce moins d'influence qu'on ne croit sur l'ensemble de la vie : les positions toutes faites doivent se conquérir, elles aussi, par le travail et la persévérance, sous peine de s'amoindrir et de crouler.

Ces premières années de floraison et d'émancipation, trop souvent dissipées en frivoles plaisirs, en intrigues de coulisses et de boulevards, ne furent pour Gasparin que la continuation d'études appliquées à la vie pratique, aux questions d'administration et d'économie politique, aux grands problèmes sociaux. Il publia, sur l'amortissement, une brochure que firent remarquer la sagesse des principes et la maturité d'un jugement qu'on aurait dit formé par une longue expérience. Bientôt après, au moment où la France discutait les avantages et les dangers de la colonisation de l'Algérie — conquête du dernier règne, — au moment où cette question, d'une importance capitale, divisait les esprits, Gasparin, dans son écrit: *La France doit-elle conserver Alger?* énonça des idées d'une étonnante prévision et d'un patriotisme éclairé.

Son intelligence, sa réputation naissante, son ardeur au travail, le firent vite distinguer. En 1836, il fut nommé Chef de cabinet du ministre de l'intérieur; en 1837, il entra comme Maître des requêtes au Conseil d'État.

Ce fut l'époque de son mariage.

Il épousa Mlle Valérie Boissier. Elle appartenait à l'une des premières familles de Genève. Son livre : *Le Mariage au point de vue chrétien,* devait raconter les noblesses de la vie conjugale; il lui fut donné d'en réaliser la poésie et la beauté (1).

Cette terre a rarement vu l'union de deux natures aussi parfaitement assorties : toutes deux éprises d'idéal; toutes deux éprises de vérité; toutes deux également pratiques, avec plus d'imagination chez l'une, plus de positif chez l'autre; toutes deux aspirant en haut, l'une s'élançant par delà, l'autre se posant sur les sommets. Jamais fusion de deux âmes n'a été plus intime, plus

---

(1) Mlle Boissier avait passé un hiver entier à Paris, avec ses parents. Les deux familles — de Gasparin et Boissier — avaient les mêmes relations, allaient dans les mêmes salons. Les futurs époux ne se rencontrèrent pas une fois : — « Je n'en prends pas mon parti! » s'écriait M. de Gasparin, lorsqu'il racontait l'incident.

absolue, plus radieuse. Dans la famille, Agénor de Gasparin était bien le chef ; dans l'union, il avait bien l'autorité.

Ah ! si le monde l'avait vu de près, cet amour, il aurait mieux compris la douleur d'une veuve dont la foi n'a pas sombré dans le naufrage, mais dont le cœur reste blessé à mort.

Précipitée de son ciel après trente-quatre années d'ineffable félicité, broyée sous le coup de foudre, elle s'est enfermée avec sa Bible, elle recueille les soupirs des affligés, elle attend.

En 1842, le comte Agénor de Gasparin posa devant les électeurs de Corse sa candidature à la Chambre des députés.

Les partis, très-violents en Corse, ne se font pas faute de recourir à des moyens qui ne sont rien moins que civils ; la passion s'y exalte parfois jusqu'à l'assassinat ; les coups de fusil ont assez vite raison d'un ennemi politique. Or, le candidat avait des ennemis.

Tandis que, le jour de l'élection, Mme de Gasparin, émue, palpitante, redoutant plus une victoire qu'un échec, attendait seule dans son salon de Bastia le résultat du vote, un coup frappé à la porte vint l'arracher brusquement à ses pensées. Elle ouvre, et se trouve en face d'un homme de haute taille, orné d'une prodigieuse barbe noire! C'était un parent, un Gaspari descendu de la montagne. Il n'entra pas, et debout sur le seuil se contenta de dire : — « Soyez tranquille ! » Puis, faisant le geste de mettre en joue : — « Si on tue votre mari… *ne faremo una vendetta!* (1) » Agréable perspective pour une jeune femme !

Le Cte Agénor de Gasparin prit place à la Chambre comme député de Bastia.

Un magnifique discours sur l'esclavage — à propos du droit de visite, — jet impétueux d'éloquence indignée et de généreuse pitié, signala ses débuts et marqua sa place au premier rang

(1) « Nous en ferons une vengeance! »

parmi les orateurs. Il la maintint ; chaque session vit grandir l'action de sa parole. Sitôt qu'il montait à la tribune, le silence se faisait ; un à un, les députés quittant leur place descendaient dans l'hémicycle pour mieux entendre. Les interruptions, les contradictions, les interpellations, loin de l'intimider, excitaient sa vaillance. Elles étaient pour lui ce qu'est au bon soldat le sifflement des balles, le grondement du canon, le fracas de la bataille.

Durant les quatre années de sa vie parlementaire, Gasparin attaqua toutes les iniquités, dénonça tous les abus de pouvoir, revendiqua toutes les libertés. La liberté religieuse, entre autres, n'eut pas de plus intrépide défenseur.

L'indépendance de son esprit, l'intégrité de son caractère, le libéralisme de ses opinions, lui acquirent très-vite l'estime de ses collègues. Il ne voulut s'inféoder à aucun parti. Votant le lendemain avec les adversaires de la veille, il obéissait à sa conscience qui primait ses sympathies. Son impartialité, reconnue de tous, pesait d'un grand poids dans l'opinion de ceux mêmes dont ses convictions l'obligeaient à combattre les idées.

Il était député, lorsque s'éleva un grave différend entre les deux rédacteurs en chef de deux journaux fort accrédités de Paris. Les antagonistes allaient se rendre au bois de Boulogne pour y dégaîner, quand un des témoins conseilla de prendre le Cte Agénor de Gasparin pour arbitre et de s'en remettre loyalement à sa décision. La proposition fut acceptée. Le Cte de Gasparin examina, prononça son verdict, et les deux adversaires se tendirent la main.

On le sait, dans les assemblées délibérantes il y a toujours un certain nombre de membres, les actifs, les travailleurs, plus fréquemment appelés que d'autres à faire partie des commissions. Gasparin eut sa large part de labeurs. La diversité de ses connaissances, son énergie à la besogne, la netteté de son esprit, la sûreté de son jugement le désignaient pour ces travaux qui, pendant les sessions, ne lui laissaient pas un instant de loisir. Le député donna tout son temps, sacrifia toutes ses convenances, épuisa ses forces. Le soir seulement, il faisait quelque rapide promenade dans les rues de Paris, avec une femme qui aimait les bois, les montagnes, la verdure, le soleil et les grands horizons !

En 1846, l'heure de la liberté sonna pour lui. La rigidité de ses principes, jointe à la fermeté de son caractère, ne pouvait faire de ce défenseur de toutes les saines indépendances un candidat agréable au gouvernement. Le parti clérical, puissant partout, voyait en M. de Gasparin un de ses ennemis les plus redoutables.

Gasparin avait essayé d'organiser dans la Chambre un groupe de députés qui, décidés à combattre la corruption électorale, refusant de solliciter les ministres au nom des électeurs, ne devaient plus s'occuper que des affaires du pays. Le groupe se forma, vécut quelque temps; mais Gasparin, demeuré fidèle au principe, ne tarda pas à comprendre que toute chance de réélection lui était enlevée dans les petites localités, ardentes à la poursuite des menues ambitions, et qui ne voient guère au-delà des intérêts de leur clocher.

Il se présenta donc en 1846 comme candidat à Paris, établit ses convictions, affirma sa résolution par de courageux discours très-applaudis, et ne fut pas réélu.

Un projet longtemps caressé, le voyage d'Orient, allait s'exécuter enfin, lorsque des circonstances particulières vinrent l'ajourner de plusieurs mois.

Après un doux hiver de solitude à deux dans le manoir de Valleyres ; après un bel été au milieu de la famille, M. et Mme de Gasparin, laissant la France en plein calme apparent, partirent au mois de septembre 1847 pour la Grèce et l'Égypte.

En mars 1848, ils apprenaient au Caire la révolution qui brisait le trône de Louis-Philippe. Toute la colonie française officielle, orléaniste la veille, prit instantanément la cocarde rouge. M. de Gasparin, après avoir publiquement adressé une lettre chevaleresque au monarque en exil, envoya sa démission de Maître des requêtes au Conseil d'État.

Puis, il s'enfonça dans le désert du Sinaï.

Cette solitude sans bornes, cette poésie de l'infini, cette vie en pleine liberté, la contemplation de cette montagne qui trembla jadis devant la Majesté du Très-Haut, l'aspect de ces sables sillonnés en tous sens par les tribus du peuple ingrat et rebelle, il y avait là pour deux âmes jeunes, enthousiastes et chrétiennes, les éléments d'une émotion profonde et d'un solennel recueillement. Chaque soir, lorsque la tente était dressée, la Bible, qui toujours accompagna les voyageurs dans leurs pèlerinages, s'ouvrait sous la voûte des cieux dont les constellations racontent la gloire du Dieu Fort.

Le dimanche, quelle que fût la localité où elle s'était arrêtée la veille, la caravane faisait halte, célébrait son culte et se reposait. Les Arabes de l'escorte, groupés autour de M. de Gasparin, écoutaient quelque parabole de l'Évangile ou quelque récit de l'Ancien Testament. C'était parfois dans une fraîche ouadi, plus souvent au pied d'un rocher que venaient battre les sables, et qui avait vu passer Moïse.

Les voyageurs visitèrent avec soin la Palestine. Rappelés en Europe par les évènements politiques et par un deuil de famille, ils se fixèrent en Suisse, passant les étés à Valleyres — Vaud — au pied du Jura; les hivers au Rivage, près de Genève, sur les bords du lac, en face du Mont-Blanc.

M. de Gasparin aimait la Suisse, pour elle-même, pour ceux qu'il y chérissait, pour les souffles de liberté qu'on y respire, pour l'indépendance qu'il y trouvait.

Le Cte Agénor de Gasparin ne prit point par caprice, à la légère, sous une première impression irréfléchie, le parti de vivre en Suisse. Il l'envisagea avec le calme d'une âme maîtresse d'elle-même, en pesa les conséquences, et fut conduit à s'y arrêter après mûre délibération.

Ses amis de France se sont plaints d'une décision qu'ils appelaient, fort injustement, l'abandon du pays. M. de Gasparin n'a jamais mieux aimé la France, où de nombreux synodes et de fréquentes visites à sa famille le ramenaient chaque année ; il n'a jamais servi plus fidèlement sa patrie, que durant ce qu'on se plaisait à nommer son exil.

De nombreuses démarches pour l'arracher à la Suisse, plus instantes à mesure que grandissait la réputation de l'orateur et de l'écrivain, échouèrent devant une détermination que ni Genève ni Vaud n'eurent lieu de regretter. — Si nous donnons les motifs de cette résolution du Cte de Gasparin, c'est qu'ils révèlent un des côtés de son caractère. Lui, n'a jamais éprouvé le besoin de justifier un acte dont il n'a jamais mis en doute la légitimité.

Il est chez nous, protestants, plus d'un pape et plus d'un directeur. M. de Gasparin, qui n'admettait l'autorité ni de l'un ni des autres, a dû plus d'une fois se défendre contre d'inqualifiables intrusions dans son gouvernement personnel. Ennemi né de l'esclavage, il prétendait être libre :

libre de choisir son genre d'existence comme son genre de travail. Il ne reconnaissait à personne le droit de maîtriser sa conscience. Il qualifiait sévèrement la mission que s'arrogent certaines gens, d'imposer à leurs frères tel ou tel devoir. Ces usurpations, que réprouve l'Évangile, qui violent le for intérieur, qui sont une injure à la dignité de l'individu, le C^to de Gasparin les repoussait énergiquement. Il les a condamnées dans son livre, *la Liberté morale :* « Les faux devoirs ! nos vies en seront bientôt encombrées, si nous n'y prenons garde. Elles seront à la fois encombrées et asservies, nous ne respirerons plus, nous ne serons plus bons à rien, et comme on ne peut suffire à tout, nous ne tarderons pas à négliger les obligations réelles afin de tenir pied aux obligations factices. Celles-ci n'ont point de terme : Vous devriez faire ceci ! Vous devriez aller là ! Voici ce qu'on attend de vous ; si vous y manquez, vous étonnerez, vous scandaliserez. — Et les faux devoirs amènent les faux remords, et écrasé sous le poids des directions, des anathèmes, vous avancerez d'un pas chancelant. Ce n'est plus l'allure élastique des volontaires de la vérité, c'est le pas lourd des malheureux qui marchent sous le fouet. Heureux si la servitude écœurante des faux devoirs ne finit pas par dégoûter du devoir lui-même. »

Lorsque arrivait à Valleyres quelqu'une de ces bulles fulminant l'ordre ou le blâme, il répondait avec une courtoisie doublée de fermeté. Mais il souffrait, et l'on souffrait autour de lui.

Si l'homme, si le chrétien n'est pas maître de ne point travailler, il est maître de choisir le mode, le champ de son travail, le lieu de sa demeure : c'est son inaliénable droit. Au dernier jour, Dieu pèsera l'œuvre de chacun.

Son droit constaté, abordons les motifs du Cte de Gasparin. Lui-même les exprime dans le livre cité plus haut.

Parlant de Paris : « On cause énormément, on écrit énormément. On discute, on critique, on tranche. Le courant des idées est rapide, plus rapide peut-être que profond. Reste à savoir s'il est toujours aisé de ne pas se laisser entraîner par lui. A ce torrent de modes littéraires, d'opinions toutes faites, il faudrait pouvoir opposer çà et là le granit d'une conviction originale; il faudrait que le despotisme des coteries régnantes se heurtât à des individus. Or, les individus, les originaux si vous voulez, ne se font pas en pleine fournaise sociale; donnez-leur un peu de solitude, un peu de tête-à-tête avec eux-mêmes, avec la nature et avec Dieu.

« Ces tête-à-tête, j'en ai fait l'expérience, sont impossibles à Paris. Il est bien difficile d'y être soi. On s'y croit indépendant parce qu'on résiste à un parti, et l'on ne s'aperçoit pas qu'on obéit à un parti contraire : en politique, en religion, en philosophie, les oppositions sont enrégimentées comme le reste. » — « Combien j'ai béni Dieu, lorsque les circonstances m'ont amené à vivre de la vie des champs, loin des coteries, près des vrais et simples devoirs ! » — « Il est des choses que je ne saurais ni penser ni écrire, si je ne suis installé au grand air, sous ma tonnelle, devant la petite table rustique... La brise qui a passé sur les sapins ou sur la prairie fraîchement coupée est saine à respirer. Cela fait du bien, cela fortifie (1). » — Il faudrait tout citer.

Le Cte Agénor de Gasparin avait senti les dents de fer du terrible engrenage.

L'expansion de toutes les facultés, l'allégresse au cœur, sont les deux conditions à défaut desquelles l'homme se rencontre rarement lui-même, et parvient plus difficilement encore à saisir son individualité. Emporté par le tourbillon parisien, jamais la belle individualité du Cte de Gasparin ne se serait épanouie dans la richesse de son indépendance ; jamais l'auteur n'aurait écrit ces livres qui resteront, car il ne les aurait ni pensés ni vécus. Il lui fallait la grande vie agreste, dans la libre Suisse. Il lui fallait le plein air, les brises de montagne arrivant en larges ondes, le ciel plus près, plus bleu, plus infini. Il lui fallait l'existence entourée de tendresse, les joies du foyer

______

(1) *Liberté morale*, tome II : les grandes villes, 303 à 309.

domestique, l'unité à deux : ce qui a inspiré le livre de la *Famille*, ce qui l'a réalisé.

Depuis son mariage, le Cte Agénor de Gasparin a passé neuf années dans la vie publique en France ; comparez l'œuvre de ces neuf années à l'œuvre de neuf années de sa vie subséquente, prises où l'on voudra. — De 1848 à 1857, il a soutenu presque seul le poids énorme des questions ecclésiastiques, dans les *Archives du Christianisme;* il a successivement écrit : *la Bible défendue,* etc., *Innocent III, les Écoles du doute, les Paroles de vérité, le Bonheur, la Liberté morale, la Question de Neuchâtel, les Tables tournantes, Après la Paix.* A dater de 1857 : *l'Égalité, la Famille, les Perspectives du temps présent, Un grand Peuple qui se relève, l'Amérique devant l'Europe.* Sans compter les conférences auxquelles on doit : *Luther, le Bon vieux Temps, la Conscience, l'Ennemi de la Famille.* Enfin : *la Déclaration de guerre, l'Alsace neutre, Appel au patriotisme et au bon sens, la France,* expression suprême du patriotisme de l'auteur. Et il reste encore plusieurs volumes à publier, et le Cte Agénor de Gasparin avait trois ou quatre livres en projet! La gerbe est-elle assez pleine? L'ouvrier a-t-il assez travaillé?

Aux raisons puissantes qui le retenaient en Suisse, à ces raisons que lui-même a pris soin de donner, il faut en ajouter une que le grand public n'a pas connue. Dieu, en permettant une catastrophe de famille, avait assigné au Cte et à la Ctesse Agénor de Gasparin leur place en Suisse, où les fixaient désormais d'impérieux devoirs,

L'ORATEUR ET L'ÉCRIVAIN

L'ORATEUR ET L'ÉCRIVAIN

La politique, l'histoire, la morale et l'Évangile ont tour à tour occupé la pensée du Cte de Gasparin. Dans ces divers domaines, il s'est voué sans réserve aux nobles causes : justice, vérité, liberté, suppression de l'esclavage, protection des petits, défense des opprimés, relèvement des perdus. Toutes, elles ont eu droit sur lui ; toutes l'ont trouvé debout, l'épée au poing, sur la brèche, que la brèche s'appelât tribune, salle de conférence, livre ou journal. Toujours prêt à combattre sur toutes les arènes, il a été homme de bataille. Et, chose étonnante, il a été au même degré homme de paix. En y regardant de près, cependant, on découvre le mot du problème : la bonne guerre mène seule à la vraie paix.

Homme de bataille, Gasparin a passé sa vie à lutter contre ce qui est faux, contre ce qui est inique, à nager au rebours du flot. L'existence d'un chrétien préoccupé des grands intérêts de l'humanité, peut-elle être autre chose qu'une bataille ?— Bataille contre le doute, contre le péché ; bataille à la Chambre, aux Synodes de Suisse et de France ; bataille contre la servitude noire, la servitude blanche, le socialisme, Rome, la corruption électorale, le rationalisme, le mysticisme, le darbysme, le mormonisme ; bataille pour la Bible, la famille, l'indépendance personnelle, les opprimés ! Voilà ce qu'était la vie du Cte Agénor de Gasparin : « Le clairon de Jésus, disait-il, ne sonne jamais la retraite. » Et il avançait toujours, et il ne se repliait jamais. Non, sa vie ne pouvait être autre chose qu'un rude combat, dans le siècle des torpilles, des cuirassés, des Krupp, symboles de cette violence des passions qui ont tour à tour embrasé le vieux et le nouveau continent. Elle ne pouvait être autre chose, dans le siècle du progrès matériel, dans le siècle où les découvertes de la science, multipliant les points de contact entre tous les peuples, ouvrant à l'avidité humaine des perspectives inconnues jusqu'ici, ont eu pour résultat immédiat de surexciter la soif des jouissances, de mettre en ébullition les appétits de la chair, de faire litière de tout ce qui contrarie les instincts inférieurs.

L'analyse des ouvrages du Cte de Gasparin dépasserait les limites de cette étude (1). Ici, nous nous contentons d'indiquer les traits qui caractérisent l'écrivain.

Le Cte Agénor de Gasparin est l'homme des principes. Or, le principe, c'est la vérité, notre lettre d'origine, le chaînon qui nous relie au ciel. Partout et toujours, Gasparin remontait aux principes. Quel que fût le sujet qu'il eût à traiter,

(1) La liste de ses livres avec la date de leur publication se trouve à la fin du volume.

3.

toujours il l'étudiait à la lumière de la vérité immuable, toujours il en déduisait les conséquences avec une inflexible rigueur.

L'absolu le satisfaisait seul. Otez les esprits absolus, l'intégrité des principes disparaît. Gasparin trouvait l'absolu dans les lois éternelles que le Créateur a gravées au fond de notre conscience, ce prophète intérieur; il le trouvait dans la Bible, dont son âme droite et son esprit investigateur avaient reconnu la pleine inspiration. Quand les pieds posent sur de telles bases, la tête ne tourne pas à tout vent de doctrines; la parole demeure ferme, le regard reste fixé sur le but. Rien de rare dans notre siècle comme un tel point de départ. Nous voulons bien des principes, mais à la condition de n'en prendre que ce qui s'accommode avec certaines idées courantes que nous craignons de heurter. Nul aujourd'hui n'ose s'aventurer en pleine mer sur la foi d'un principe, comme le marin sur la foi d'une boussole ou d'une étoile. On côtoie timidement le rivage des faits : ce n'est pas ainsi que se créent les Christophe Colomb.

Les grandes lignes du portrait esquissées, passons aux détails.

L'affirmation positive, rigoureuse — qui, au fait, n'est autre chose que l'expression de la vérité absolue, — voilà ce que ses adversaires, et parfois ses amis, reprochaient à Gasparin. Mais de là, chez lui, cette *lumière*, qui ne laissant ni hésitation ni doute sur sa pensée, éclaire, dès les premiers pas, le but vers lequel il nous conduit; de là, pour les questions dont l'avenir seul avait la solution, cette perspicacité, cette *intuition* qui fait de l'auteur, en deux ou trois de ses ouvrages, un prophète et un précurseur.

Ces qualités, aux yeux de bien des gens, ont leur revers. L'inflexibilité de ses principes empêchait parfois Gasparin de compter avec les exigences du moment, d'accepter un état de choses transitoire, de ménager le passage, d'adoucir les couleurs. Si son éloquence possédait l'art des délicatesses infinies, sa conscience n'avait pas le secret des accommodations. La vérité, avec lui, renverse les préjugés qui obstruent la route, au lieu de les écarter. La diplomatie, lorsqu'il s'agit du faux ou du vrai, n'est point son fait. Les erreurs, il ne les contournait pas, il les brisait. Se taire devant elles, leur accorder une concession, autant d'infidélités à ses yeux! Cette rigidité de l'absolu lui a inspiré la haine de tout ce qui est erroné : subtilités, égarements pieux, mauvais arguments au service des bonnes causes : « Nous appartenons à la vérité, s'écriait-il, la vérité ne nous appartient pas! »

Ses armes étaient loyales, sa poitrine faisait face à l'adversaire. Jamais il n'a recouru, pour le besoin de sa cause, aux moyens si fort en vogue chez les polémistes : à la complaisance d'un journal, à quelque article rédigé par un ami, aux petites intrigues qui préparent les grands succès. Son intégrité repoussait tout argument d'aloi douteux; l'élévation de son caractère lui interdisait toute attaque personnelle. — En théorie, chacun s'accorde à reconnaître qu'il faut séparer un homme de ses opinions, que si l'on combat celles-ci, on doit ménager celui-là. En pratique, on fait tout le contraire. Avec M. de Gasparin, il n'en allait pas ainsi ; autant il s'est montré raide, exclusif, inexorable en présence de l'erreur, autant il a respecté les droits de l'individu : « *L'absolu n'est tolérant*, dit-il, *que parce qu'il se sent fort.* » Pendant ou après la lutte, il était toujours prêt, en bon chevalier, à tendre ses deux mains à l'antagoniste qu'il venait de malmener.

D'ennemis personnels, Gasparin n'en a pas eu ; sa courtoisie déroutait les préventions, sa cordialité éteignait les haines. Mais les contradicteurs ne lui ont pas manqué. En avant pour toutes les libertés politiques et religieuses, pour toutes les réformes, pour toutes les conquêtes de la justice, d'ordinaire il était seul, lancé par delà les lignes d'avant-garde. Seul en France, longtemps, contre l'esclavage, contre la corruption électorale ; presque seul pour la liberté religieuse, pour la séparation de l'Église et de l'État, pour les questions spéciales de la défense de Taïti, du conflit américain. Aux premières pages de la *Déclaration de guerre*, il pose ce fait d'isolement avec une fierté où se mêle une profonde tristesse : « Pour prendre en main, dit-il, les causes qui compromettent, pour se brouiller avec les oracles, pour se refuser aux petites servitudes courantes, il faut avoir pris son parti à l'avance de beaucoup de douleurs et de beaucoup d'injustices. Un homme libre, c'est l'ennemi ; à son aspect, notre moutonnerie s'alarme, nos camaraderies menacées s'apprêtent au combat. C'est un rude métier que celui de redresseur des torts et d'apôtre de la vérité : le monde n'avance qu'aux dépens de celui qui le pousse. »

La vérité, hâtons-nous de le dire, M. de Gasparin ne la présentait pas sèchement, comme un théorème de mathématiques. A peine a-t-on ouvert ses livres, on sent qu'il n'a pas écrit pour écrire, pour donner satisfaction à de mesquines vanités littéraires, ou même pour disserter. C'est un cœur qui gémit des erreurs et des souffrances humaines, qui parle avec l'accent de l'affection, qu'embrase le désir de voir arriver l'humanité tout entière à la lumière et à la paix.

L'amour est le grand levier, comme l'égoïsme est la grande impuissance. M. de Gasparin était sympathique, il l'était souverainement ; j'en appelle à tous ceux qui l'ont rencontré, à tous ceux qui l'ont entendu, à tous ceux qui l'ont lu ! Prenez un de ses livres, ouvrez-le à une page quelconque : discussion, théories, histoire, philosophie, science ; la lumière, éclatante, vous frappe moins que l'émotion; vous sentez les battements du cœur (1).

Pénétré de respect pour le public auquel il s'adressait, estimant qu'il n'est pas permis de lui demander son temps à la légère, le Cte A. de Gasparin n'a pas préparé une conférence, n'a pas écrit un livre, sans s'être muni de l'ensemble des documents relatifs à son travail, sans avoir fait des études spéciales et nouvelles, sans s'être entouré des ressources que requérait sa conscience : vieux bouquins, livres modernes, revues et journaux.

(1) C'est ce qui peut-être a fait dire du Cte de Gasparin à M. le professeur Hornung : qu'il était plus orateur qu'écrivain.

Il a beaucoup lu, il a lu avec passion ; il a lu avec
un profond sérieux ; il a lu jusqu'à en perdre
à peu près la vue. Les grands penseurs ont
presque toujours été de grands liseurs. Le crayon
en main, M. de Gasparin traçait à la hâte, tout
en lisant, ou quelque idée de l'auteur, ou plus
souvent sa propre pensée qui jaillissait au
contact, comme l'étincelle du choc de l'acier et
du silex. Son sujet ne le quittait pas ; en se pro-
menant, en causant, vite, il crayonnait deux mots
sur les carrés de papier dont sa poche de gilet
était abondamment pourvue ; les notes se clas-
saient après.

Ces mois de lectures et de méditations, c'étaient
les approches du siège. Le Cte de Gasparin s'y
complaisait, il s'y attardait avec délices, jusqu'au
moment où, pris de l'ardeur de l'assaut, il jetait
son plan sur le papier, le modifiant jusqu'à ce
qu'il satisfît sa logique et qu'il embrassât toutes
ses idées ! Puis, l'orateur donnait sa conférence
que, plus tard, aidé par l'enchaînement des pensées, il rédigeait et livrait à la publicité.

Prophète et précurseur ! avons-nous dit.

Prophète, M. de Gasparin l'a été plus d'une fois.

En 1860 éclata l'épouvantable conflit américain. Maintien ou abolition de l'esclavage, telle était la question. Aujourd'hui, elle ne se pose plus chez nous ; mais il y a dix-huit ans, l'Europe la discutait encore. Grâce aux considérations d'intérêt matériel et politique, grâce au vieil égoïsme qui trouve que tout va bien pourvu qu'on ne le dérange pas, le Sud rencontrait, surtout en Angleterre, plus de sympathies que le Nord.

Devant ces hésitations, Gasparin ne peut se contenir, le sang bout dans ses veines. L'esclavage est un crime, voilà le principe d'où il part. Et il lance à l'Europe, il lance à l'Amérique son manifeste indigné : *Un grand Peuple qui se relève.* Le livre, tout palpitant de noble colère, serré, fort, où l'ardent amour pour les défenseurs de la liberté s'unit à la générosité pour les adversaires, prédit au Nord le triomphe

définitif. Il le prédit sans hésitation. Il le prédit, parce qu'il le voit : l'injustice ne peut avoir
le dernier mot. Il le prédit, à l'heure même où
le Sud vient de remporter des succès signalés;
quand les habiles déclarent que tout est perdu
pour le Nord! que le Nord n'a plus qu'à subir
les volontés de son vainqueur! — A la brutalité
du fait accompli, Gasparin oppose la souverai-
neté du principe : au Nord écrasé, il donne la
victoire.

Ce livre fut en Europe un soulagement pour les
consciences délicates, comme une brise rafraîchis-
sante au milieu de l'atmosphère étouffée et cor-
rompue. Le Nord l'accueillit avec enthousiasme ;
aux accents de cette voix qui lui arrivait à travers
l'Atlantique, il sentit se rallumer son espoir, se
relever son courage; il sentit qu'il avait des amis
en Europe, quelle que fût l'apparente froideur
des masses et la positive hostilité de certains
partis.

Citoyens, capitaines, hommes d'État, le Nord
tout entier exprima sa reconnaissance à l'auteur,

qui, dès ce moment, soutint une sérieuse correspondance avec Lincoln.

Cette divination, Gasparin la devait à sa foi
en la justice : « L'abolition de l'esclavage,
écrit-il (1), sera, je l'ai toujours pensé, la conquête principale du XIXe siècle ; ce sera sa re-
commandation aux yeux de la postérité et la
compensation de beaucoup de faiblesses. » Le
livre se termine par ces mots (2) : « C'est une
chose décidée que le XIXe siècle verra la fin de
l'esclavage sous toutes ses formes, et malheur
à qui s'oppose à la marche d'un tel progrès ! »

La guerre fratricide éteinte, les prédictions de
Gasparin réalisées, il eut certes le droit d'adres-
ser aux États-Unis les conseils que lui dictait sa
conscience, que lui inspirait sa sympathie, et
qu'il chargea son livre, *l'Amérique devant l'Europe*, de porter aux amis d'outre-mer. Aux vainqueurs et aux vaincus il parle de justice, de
saine égalité, de pardon et d'oubli : le livre est

(1) *Un grand Peuple*, p. 8.
(2) *Ib.*, p. 404.

une œuvre de reconstruction, de moralisation, toute pénétrée de science politique (1).

Précurseur, M. de Gasparin l'a été dans les questions d'Église.

Il avait fait du sujet : la séparation de l'Église et de l'État, une étude approfondie; il l'avait envisagé au triple flambeau de l'Évangile, de la philosophie et de l'histoire. Se plaçant à la hau-

____

(1) Un coup d'œil pénétrant expliquait en partie cette intuition des évènements à venir qui caractérisait M. de Gasparin. En 1870, il assistait à l'une des séances du concile. Les Pères, réunis dans une des chapelles latérales de Saint-Pierre, immobiles sur l'estrade immense, présentaient au travers du jour coloré par les vitraux, de la lumière jaunâtre des cierges, des vapeurs de l'encens, un aspect d'incomparable majesté : on eût dit quelque tableau des siècles d'autrefois, peint par Michel-Ange ou Raphaël. Bientôt, tous descendirent. Sur deux files, en longue procession : cardinaux, évêques, patriarches d'outre-mer, les grands moines d'Égypte et de Palestine, figures vénérables, barbes blanches, vêtements sacerdotaux d'une splendeur à nulle autre pareille, tous se mirent en marche, recueillis dans leur sainteté. Ils allaient adorer le Saint-Sacrement, exposé sur un autel. Les dames qu'accompagnait M. de Gasparin contemplaient, éblouies par l'artistique beauté de la scène. M. de Gasparin, un peu à l'écart, regardait aussi. Lorsque les deux phalanges se furent évanouies dans les profondeurs de la nef, il se rapprocha, haussa légèrement les épaules et dit : — « Ils voteront tous l'infaillibilité ! »

teur du principe, n'admettant pas que des circonstances quelconques pussent faire fléchir la
vérité, il arbora le drapeau de la distinction absolue des deux domaines. Phénomène remarquable
et qui, au surplus, se reproduit fréquemment
dans les grandes évolutions de l'esprit humain,
deux initiateurs parurent en même temps sur
le terrain de la question ecclésiastique — comme
deux pays tranchèrent le même jour la question
de l'esclavage : l'Amérique en proclamant la
liberté des noirs, la Russie en décrétant l'émancipation des serfs. — M. de Gasparin rencontra,
sur cette cime où l'avait conduit la rigueur de
sa logique, un homme de la plus haute intelligence et de la plus profonde piété : le professeur
Vinet. Il salua en lui un frère et un compagnon
d'armes.

Vinet n'avait gravi la pente qu'avec une certaine lenteur, en quelque sorte malgré lui (1).
Défenseur couronné — en 1826 — des droits
de la conscience et de la liberté religieuse, il

(1) Voir sa biographie, par Rambert, p. 363, 2e édition.

n'était pas arrivé d'emblée à la séparation de l'Église et de l'État ; il tenait à l'institution nationale par toutes les fibres de son cœur. On dirait qu'amenée devant cette conséquence capitale des principes qu'il avait établis, son âme se sentait liée par les fortes chaînes du respect filial.

Les Églises libres de Suisse et de France n'ont pas surfait Vinet, mais elles ont laissé dans une ombre trop discrète celui qui combattit avec la même puissance pour les mêmes vérités.

Le Cte Agénor de Gasparin, dont la conduite marchait toujours de pair avec les idées, n'hésita pas un moment à déduire les conséquences de la vérité qui lui était apparue : il planta résolûment sa tente dans le camp de la séparation, et, au mois de mars 1847, prêta main-forte au Synode constituant de l'Église libre du canton de Vaud. Vinet malade n'y vint pas ; il envoya sa cordiale adhésion, accompagnée de conseils précieux.

Durant les neuf années qui suivirent la mort

de l'illustre Vaudois (1), M. de Gasparin défendit seul, ou peu s'en faut, dans les *Archives du Christianisme*, les principes que tous deux avaient posés.

L'intolérance, où qu'elle se manifestât, lui était odieuse ; lorsqu'il la rencontrait dans les pays protestants, elle l'exaspérait. Combattant de la première à la dernière heure, il l'a attaquée en Suède, en Prusse, en Angleterre, plus vivement encore qu'à Rome ou qu'à Madrid.

En France, la bataille ne cessa pas un instant ; d'autant plus rude, que Gasparin avait non-seulement à revendiquer les droits de la liberté auprès d'un gouvernement hostile, mais à les défendre contre des protestants timorés que ses réclamations effrayaient, contre des protestants mal éclairés qui compromettaient la cause, en persistant à demander une *autorisation,* quand il ne fallait que prévenir l'autorité par un *avertissement.* — Rien de supérieur en éloquence à la péroraison de son dernier discours à la Chambre, 6 avril 1846.

(1) Vinet mourut en 1847.

Après avoir jeté devant les ministres, et les procès intentés aux évangélistes, et les condamnations infligées aux colporteurs, et les pétitions des Églises de France, il s'écrie, accompagnant sa parole d'un geste décidé : « Songez-y, je vous le dis avec calme et sérieux, parce que j'exprime ici une résolution bien arrêtée : si l'on nous refuse la liberté que nous demandons, si l'on oppose de nouvelles entraves à l'exercice d'un droit nécessaire, eh bien ! nous prendrons sur notre dos la balle du colporteur, nous irons vendre des bibles, affronter vos procès et nous faire jeter en prison ! » — Il y eut quelques instants de silence, puis un tonnerre d'applaudissements éclata.

Chez le Cte Agénor de Gasparin, l'écrivain était doublé de l'homme d'action.

Lorsqu'en 1852, les époux Madiaï furent écroués dans les prisons de Toscane par le gouvernement grand-ducal, — leur crime était d'avoir lu la Bible avec quelques amis, — le

Cte Agénor de Gasparin, nommé tout d'une voix, fit partie de l'ambassade chrétienne qui devait se rendre à Florence, pour y demander l'élargissement de ces vaillants témoins de Jésus-Christ.

L'affaire présentait de graves difficultés : elle pouvait se résoudre, ou par la voie diplomatique, ou par l'autorité des principes. C'est ce dernier mode, on le conçoit, que voulait employer le Cte Agénor de Gasparin. L'intervention diplomatique, eût-elle réussi à ouvrir aux Madiaï les portes de leur prison, compromettait les droits de la liberté religieuse. En principe, la cause était perdue.

La députation devait arriver certain jour à Florence, et s'y entendre immédiatement sur la marche à suivre. Quelques députés, s'attardant en route, manquèrent au rendez-vous. Lord Roden, président de la députation, le Cte de Gasparin, M. de Mimont, M de Bonin, réunis à la date fixée, ouvrirent les négociations sans perdre un moment. Il importait de faire vite, afin

de prévenir toute intrigue diplomatique et d'é-
viter toute protection officielle. Par son énergie, par l'habile direction qu'il sut donner aux
débats, le Cte de Gasparin maintint la question
sur son vrai terrain. Pas un représentant des
puissances protestantes ne se mêla de l'affaire, et
dans la région des idées, celle où se perdent,
où se gagnent les vraies batailles, la liberté religieuse compta une victoire de plus (1).

En 1842, M. de Gasparin avait publié son livre *Des Intérêts généraux du protestantisme français*. Mesurant l'étendue du champ qu'il s'agissait
de labourer, connaissant la dureté du sous-sol
encombré de vieilles racines, il avait fondé une
société qui, spécialement chargée de revendiquer
les droits du protestantisme et de créer certaines
œuvres (2), établissait en principe, défendait et

(1) Quelques mois plus tard les Madiaï étaient graciés.
(2) La colonie agricole de Sainte-Foy, pour les jeunes déte-
nus, est une de ces créations.

pratiquait en fait la liberté religieuse. Il fut suivi de quelques-uns ; la majorité se montra hostile, la minorité resta plus ou moins indifférente. Tous s'efforcent de faire, aujourd'hui, ce que jadis il avait tenté d'accomplir. La marche du siècle, les folies de Rome, les négations du rationalisme, hâtent les orages à la rencontre desquels il voulait préparer son pays.

Les conférences publiques que donnait à Genève le Cte Agénor de Gasparin — salle de la Rive droite, salle de la Réformation, Casino, — exigeaient de lui de grands travaux et lui procuraient de grandes joies.

Son nom, bien vite populaire, attirait la foule qu'avait peine à contenir un local capable d'abriter trois mille personnes. Les ouvriers, — c'était l'auditoire qu'il ambitionnait le plus, — s'y rendaient au moment où finit la journée de travail. On les voyait presser le pas dans les rues et se dire : — « Viens-tu à Gasparin ? » Ils se massaient d'ordinaire sur les galeries. La belle figure, l'expression loyale, le sourire facile, le front radieux de l'orateur, sa voix puissante, le feu qui l'embrasait, son geste gracieux et noble — trop fréquent peut-être, mais répondant bien aux sentiments qui affluaient dans son âme, — un accent pathétique, quelque courte anecdote après un raisonnement abstrait, des exemples tirés de la vie journalière, des saillies qui étincelaient chemin faisant, un tour d'esprit qui n'était qu'à lui, des citations qu'accompagnait un mot charmant à l'adresse de quelque modeste citoyen de la ville, un cri d'indignation, une parole d'ironie ou de fine bonhomie, des élans de tendresse qui remuaient le cœur dans ses profondeurs les plus intimes, une modestie qu'on sentait vraie, une dignité qui ne l'abandonnait jamais, tout cela tenait suspendu à ses lèvres, pendant une heure et souvent deux, ce public fatigué par une longue journée de labeur.

Gasparin parlait sans notes, non pas sous l'effort de sa mémoire, mais parce que ses idées, que

rattachait l'une à l'autre le lien serré de la logique, se succédaient naturellement, créant leur
forme, à mesure qu'elles prenaient leur place
dans le discours. Son plan une fois arrêté, il s'y
tenait ; son but une fois marqué, il y marchait.
Principes, déductions, il étreignait tout dans les
serres de son esprit. Les fleurs, il les cueillait en
route. Les anecdotes, la vue d'un de ses auditeurs les lui a souvent fournies. Difficile envers
lui-même, il préparait sujet, plan, développe-
ments, avec une intensité d'abstraction, une sévérité de critique, une ténacité d'analyse, qui ne
laissaient pas un point obscur ou douteux. Les
idées jaillissaient alors si vives, si abondantes,
d'un si libre élan, qu'on eût dit quelque floraison
ou quelque moisson venue toute seule, sans le
soc de la charrue ou les sueurs du visage (1).

L'auditoire exprimait son émotion par des sal-
ves d'applaudissements.

____

(1) Les conférences du père Hyacinthe, la première série des
conférences du professeur Naville, ont seules rappelé, à Genève,
l'attrait qu'exerçaient les séances du Cte de Gasparin.

4.

Les convictions sérieuses commandent, on ne leur commande pas. Un soir, sans craindre de compromettre sa popularité — crainte pareille n'effleura jamais l'âme de l'orateur, — Gasparin, obéissant à ses convictions les plus chères, annonça et donna — Cirque de Pleinpalais — une conférence sur la séparation de l'Église et de l'État. Il fut rarement plus sincère et plus vaillant. On sentait le chevalier sans peur, qui attaque de front, mais qui reste courtois dans la bataille. L'auditoire — trois à quatre mille personnes — se rattachait en très-grande majorité à l'institution nationale ; des applaudissements redoublés interrompirent plus d'une fois le discours. C'était l'*acte* que les adversaires applaudissaient. On acclamait l'homme, sa franchise, son courage. Le lendemain, dans les ateliers : — « Eh bien ! as-tu entendu Gasparin ? » Et l'on discutait.

Il rendait largement aux Genevois leur affection. Il jouissait de sa popularité. Il en jouissait d'autant mieux, qu'il ne la devait pas à ces allusions aux petits intérêts de politique locale, par lesquelles on est toujours certain, quand on suit le gros courant, de provoquer quelque bruyante approbation. Au rebours des tribuns qui font de leur parole la servante de leur ambition, Gasparin ne courtisait qui que ce soit. Il avait trop de dignité personnelle, la vérité lui inspirait trop de respect, pour qu'il caressât les faiblesses de ceux mêmes qu'il aimait le mieux. C'est aux intimes seulement qu'il disait combien il chérissait les sympathies, à quel point il estimait l'intelligence de son public genevois.

On demandera sans doute quel a été le résultat de ces conférences et de ces livres? Dieu seul le sait. Celui qui sème ne voit pas toujours mûrir la moisson. Qui peut dire le chemin que fait la parole dans une âme? Portées sur l'aile du vent, quelques graines ont suffi pour couvrir tout un pays de splendides forêts. Certes, on n'entend pas développer, durant plusieurs hivers, de nobles thèses sur la liberté morale, sur la conscience, sur la famille, sur les droits de la vérité, de l'individualité, de l'Évangile, sans remporter dans le cœur quelque vivifiante impression.

En apparence, la parole n'a que la durée de l'instant où elle s'échappe des lèvres :

> Le moment où je parle est déjà loin de moi.

Mais elle peut avoir la puissance de la poudre dans la mine, ébranler le sol et faire sauter le granit. Quand l'autorité d'une vie, en parfait accord avec les principes énoncés, appuie cette parole, la portée en devient incalculable.

J.-J. Rousseau, après avoir arraché ses cinq enfants à Mlle Thérèse Levasseur pour les jeter à l'hôpital, publie son *Émile :* sa grave théorie sur l'éducation et sur les devoirs des parents. Il eût évité plus d'un sophisme et plus d'une erreur, s'il eût pratiqué ce qu'il prêchait. La conscience proteste contre ce dualisme, et pour conférer à un homme le nom de bienfaiteur des humains, toujours elle réclamera l'harmonie absolue de la vie et de l'esprit. La vie d'un orateur conséquent à ses principes est, à elle seule, une éloquente prédication. Par là, Gasparin a été bienfaisant et fort. Toutes les classes de son auditoire ont subi cette double influence. Que d'incrédules ont déclaré qu'ils avaient été amenés à l'Évangile par la parole et par l'exemple de ce vrai chrétien! Que d'étudiants, — actuellement pasteurs, — ses convictions ont raffermis, sa bienveillance a réchauffés! Que de conversions, sérieuses et complètes, opèrent à l'heure qu'il est ses livres, en France, en Suisse, en Angleterre, en Allemagne, en Russie, en Amérique, partout!

Un de nos grands prédicateurs s'écriait : « Je ne serai jamais assez reconnaissant envers M. de Gasparin, pour le bien que m'ont fait ses conférences! » Il disait ce que beaucoup d'autres ont senti.

Quelques-unes de ces séances ont été données au nom de l'*Union chrétienne des jeunes gens,* sous la présidence de M. Max. Perrot. Plus d'une fois, cette société est venue exprimer sa reconnaissance à l'orateur, en se rendant au Rivage, par une tiède soirée de mars ou d'avril. Groupés sur la terrasse, les jeunes chrétiens entonnaient, comme au temps de Luther, leurs plus beaux chants patriotiques, leurs cantiques les plus émus. Des parfums printaniers embaumaient l'air, les étoiles brillaient aux profondeurs du ciel, le lac en reflétait les feux, et les voix montaient dans le silence religieux de la nuit.

TERRASSE DU RIVAGE.

L'HOMME

L'HOMME

On ne peut bien connaître un homme, qu'à la condition de se placer au point central d'où part chez lui le mouvement, d'où rayonnent la lumière et la chaleur. Pour le Cte Agénor de Gasparin, la Bible fut ce point central. Toutes les racines de son être moral ont plongé dans ce sol généreux. La Bible donna leur plein essor à ses facultés, elle lui ouvrit les vastes horizons, elle l'éleva jusqu'à ces glorieux sommets qu'il ne devait abandonner que pour monter plus haut, pour étancher sa soif à la source éternelle de vérité.

La Bible, dès ses jeunes années, lui fut familière, comme elle l'est à tout protestant. Mais elle ne prit vie pour lui qu'après son mariage. Le premier cadeau qu'il reçut de sa fiancée, ce fut le livre des Évangiles; la première promesse qu'elle reçut de lui, ce fut qu'ils liraient le saint Livre, ensemble, chaque jour.

Sa foi, il la conquit. La nature de son âme ne lui permettait pas de se contenter d'opinions traditionnelles. Il voulut examiner à fond, creuser jusqu'aux bases, reconnaître jusqu'à la dernière pierre, arriver à la conviction : « Tant que nous ne sommes pas convaincus, a-t-il dit quelque part, douter est un devoir. Qu'est-ce qui fait le chrétien ferme, humble et dévoué? Une foi sans peut-être. » — Les demi-preuves, les preuves faibles, il les avait en horreur; selon lui, elles font plus d'athées que les pires attaques des incrédules.

L'indifférence du siècle, le milieu scientifique et littéraire de Paris avaient endormi ses croyances héréditaires. D'autres questions, la politique surtout, préoccupaient son esprit. Mais sitôt que l'importance des intérêts éternels lui fut révélée, il en fit son étude première, y apportant ce sérieux, cette intégrité, cette ardeur de persévérance à la poursuite du vrai, qui formaient l'essence même de son caractère. Il ne recula ni devant les minuties de l'exégèse, ni devant les recherches de la critique sacrée ; il envisagea hardiment chaque objection ; il ne lâcha pas une difficulté qu'il ne l'eût résolue. A mesure que l'une derrière l'autre se levait, il l'abordait, la prenait corps à corps, ne se contentait pas d'un facile triomphe ; et quand elle disparaissait, c'est que vraiment il en avait eu raison. Dans cette lutte, d'une incomparable gravité, l'homme tout entier : âme, cœur, intelligence, combattait. Le Cte de Gasparin n'a jamais compris que l'homme pût, se partageant en deux, croire comme chrétien ce qu'il nie comme philosophe.

Enfin, le jour se fit. La Bible lui prouva la Bible. Ce qu'elle dit, ce qu'elle accomplit — sans parler des témoignages irrécusables dont elle s'entoure — lui démontra sa divinité. La splendeur du plan de Dieu rayonna pour lui ; la Bible fut bien réellement pour lui la Parole de Dieu ; il crut pleinement à la Bible, à la Bible inspirée, à la Bible infaillible dans toutes ses parties, à la Bible, seule et absolue autorité.

Il s'était emparé de la vérité, la vérité s'empara de lui. C'est l'enfantine obéissance aux lois de l'Évangile qui donna au Cte de Gasparin la solidité de son caractère, son indépendance des coteries, la grandeur morale de son existence, les tendresses et les vertus aimables qui ont fait le bonheur des siens. La Bible a dilaté son cœur ; il avait l'énergie, elle lui a donné la charité ; il avait le culte austère du bien, elle lui a donné les émotions humaines ; il avait la rectitude, elle lui a donné les délicatesses : les lignes de la figure sont restées viriles, une lumière d'en haut y a mis les clartés et la douceur.

De là, des relations filiales avec Dieu.

Avant tout, dans les petites comme dans les grandes circonstances, le chrétien consultait son

Père céleste. Il ne formait point le projet d'un long voyage ou d'une courte excursion, sans demander sincèrement à Celui pour qui rien n'est petit, de *fermer la porte* s'il désapprouvait ce désir, de l'*ouvrir à deux battants* s'il permettait de le réaliser.

Prier, pour M. de Gasparin, c'était respirer. La prière, c'était sa vie. Non la prière de cérémonie, en robe et en rabat, mais la prière spontanée, familière, jaillissant à chaque incident: devant un buisson d'églantines, aux gloires du couchant, aux sérénités de l'aube, à l'arrivée d'une nouvelle, au choc d'une douleur, dans l'épanouissement de la gaieté. La prière éclairait et réchauffait son travail. La prière mettait le ciel dans son bonheur. La prière, mais c'était pour lui cet impérieux besoin qu'éprouve l'enfant, de parler au père dont il tient et serre la main.

Croyant pratique, brûlant du désir de communiquer à ceux qui ne la possédaient pas la vérité dont il tenait force et joie, le Cte de Gasparin, partout où il a été, a répandu les Écritures. Il n'a jamais quitté modeste auberge ou grand hôtel sans remettre — avec de généreuses gratifications — un Nouveau Testament aux domestiques qui l'avaient servi, d'intéressantes brochures aux agents subalternes. Jamais il ne s'est séparé d'un *vetturino*, d'un *cicerone*, d'un guide, d'un baigneur, sans avoir placé la Parole de Dieu dans ses mains. Toujours ces dons ont été reçus avec respect.

Durant son premier séjour à Kreuznach, 1839, le Cte de Gasparin créa un colportage temporaire de Nouveaux Testaments et de Psaumes. Lorsqu'en 1849, les troubles d'Allemagne amenèrent vingt-cinq mille hommes de troupes sur ce même point, il établit dans son salon une vaste distribution des Écritures. Du matin au soir, soldats, officiers parfois, arrivaient et recevaient émus le saint Livre, qui leur était cordialement offert, accompagné de quelques mots sérieux et fraternels.

Que de garibaldiens, en Italie, rejoignant isolés ou en corps leur grand capitaine, ont serré sur leur poitrine qui allait rencontrer les balles, la Parole de Dieu que leur tendait cet autre défenseur de la liberté !

La journée, en voyage, quelles qu'en eussent été les fatigues, se terminait par le culte de famille. Le séjour se prolongeait-il dans quelque hôtel? maîtres et serviteurs y étaient conviés. On se souviendra longtemps à Pegli — rivière de Gênes, — à Baden — Argovie, — à Kreuznach — provinces Rhénanes, — de ces dimanches qui réunissaient autour de la Bible et les touristes et les amis.

En Espagne, à peine arrivé dans une ville, le Cte de Gasparin recherchait soigneusement l'évangéliste protestant, la congrégation naissante, encourageait celle-ci, fortifiait celui-là.

Annoncer l'Évangile à de simples auditoires de campagne était un de ses bonheurs.

On le voyait parfois, le front radieux, respirant à pleins poumons les souffles de montagne franchir de grand matin, quelque dimanche, la distance qui sépare Valleyres de Baulmes, pour remplacer dans ce dernier village le pasteur malade ou absent, puis redescendre au gros du jour sur Valleyres où l'attendait le petit troupeau de l'Église indépendante. Ses explications se faisaient familières, accessibles à tous ; bientôt les ailes se déployaient, il montait, montait toujours, enlevant ses auditeurs avec lui.

— Cet homme de la Bible, s'écrie-t-on, cet homme de prière, mais c'est un moine ! Sa maison, mais c'est un cloître ! Il devait porter dans la vie sociale, dans le travail, dans son caractère, et jusque dans la vie domestique, un cachet de triste et solennelle austérité !

Vous croyez ? Approchons-nous, étudions l'homme au sein de son intérieur, dans ses habitudes, à Valleyres surtout, car c'est là qu'il nous apparaît en pleine lumière, bien lui, tel quel.

Le Cte de Gasparin était un rude travailleur, un travailleur de la pensée, mais il était homme complet : il lui fallait la famille, il lui fallait les saines fatigues du corps, il lui fallait les grands horizons.

Après le culte à deux, de bon matin, venait en été une promenade au travers des champs et des bois : à deux toujours, à trois ou quatre lorsqu'on prenait les enfants. Le déjeuner — neuf heures ou neuf heures et demie — expédié de bon appétit, M. de Gasparin s'installait sous la vaste tonnelle de la terrasse avec armes et bagage : plume, écritoire, livres et papier (1). Il aimait à écrire en plein air. Ses œuvres, il les a pensées en parcourant à pas rapides, tantôt l'allée de charmille ou la prairie du Rivage, en face du lac et du Mont-Blanc; tantôt le jardin de Valleyres comble de fleurs, avec les Alpes à l'orient, avec

(1) M. de Gasparin, qui avait les mouvements vifs, renversait parfois son écritoire... et s'en désolait. Un jour, à Sorrento, que pareille aventure avait transformé en véritable mer noire le tapis battant neuf, François, accourant aux appels de son maître, s'arme de deux citrons, exprime le jus, frotte, lave, si bien qu'en un clin d'œil, le tapis a repris sa fraîcheur première. Quelle découverte! M. de Gasparin rayonnait; désormais, il pouvait, en toute bonne conscience, renverser son encrier.

le Suchet noir dont le pur sommet se découpait sur l'éther du couchant, avec le fil diamanté du jet d'eau qui gazouillait, avec les abeilles qui bourdonnaient, aux bruits agrestes, aux brises des sommets, aux senteurs des prés, aux sourires de la floraison, aux chants des oiseaux, des enfants et des moissonneurs.

Il avait un mode à lui de travailler ; il griffonnait, nous l'avons dit, chaque note sur un carré de papier ; sa table en était couverte. Parfois un souffle capricieux emportait et semait au hasard ces feuillets sibyllins — l'écriture de M. de Gasparin ressemblait aux hiéroglyphes d'Égypte. — Courir après les précieux chiffons, les rattraper, les remettre en ordre, c'était toute une affaire. Le paysan témoin de cette chasse aurait pu croire qu'il s'agissait de quelques billets de banque. Mais non, nul ne s'y trompait ; on le connaissait bien, l'ouvrier ardent au labeur. Et pour lui, ces malices du vent étaient les bienvenues ; s'élancer, relever la tête, franchir une haie ou un mur, il aimait cela.

Ses notes — il en avait sur tous les sujets —
allaient s'enfouir dans d'innombrables sacs, d'où
elles ressortaient plus tard, pour se classer et se
coordonner suivant l'exigence des plans savamment conçus, consciencieusement élaborés, sans
lesquels il ne donnait pas une conférence, n'entamait pas une rédaction.

Le travail durait jusqu'au dîner (1). Après dîner on causait, on flanait sous les grands arbres de la cour, au bruit des fontaines ; on allait
visiter ou l'on recevait les amis ; on se livrait à
quelque jeu ; M. de Gasparin y apportait l'entrain
d'un écolier, avec cette gaieté de bon aloi que
donne le bon travail. Je vois encore son sourire
— sourire modeste et triomphant — lorsque dans
une partie de boules il *bauchait* en place, et que
sa boule, faisant voler au loin celle de l'adversaire, restait immobile au bon point.

---

(1) A moins de cas pressants, c'était le dimanche que M. de
Gasparin allait voir les malades et les affligés du village, assidûment visités durant la semaine par divers membres de la
famille.

La balle, le pistolet, l'épée, la course, les sauts, tout l'amusait. S'intéresser, c'est un des secrets du bonheur.

La table de famille, abondante, sans luxe, était largement hospitalière. On s'y sentait à l'aise. Entre M. Ed. Boissier (1), M. de Gasparin, sa femme, les enfants et les hôtes, la conversation ne tarissait point. Non pas une conversation prétentieuse ou tendue, n'allez pas croire cela, mais un entretien familier, qu'illuminaient de franches plaisanteries ou quelque calembour hasardé par M. de Gasparin, qui le risquait pour l'honneur des *bonnes bêtises* (2).

Lui, ses friandises étaient les marrons rôtis, les pommes crues, les pommes de terre cuites sous la cendre, les olives, et surtout le pain.

Une fois la lampe allumée, on passait au salon. M. de Gasparin, aussi longtemps que le lui a per-

(1) Le botaniste de réputation européenne — beau-frère du Cte de Gasparin — aussi cordial, aussi simple de manières qu'il est savant.

(2) *La Famille.*

mis sa vue, a charmé les soirées par les lectures qu'il faisait à haute voix. Il lisait admirablement. Il avait toutes les impétuosités de la passion, toutes les délicatesses du cœur, toutes les finesses de l'esprit, toutes les poésies de l'idéal. Ceux qui l'ont entendu lire un drame, une tragédie, une comédie, réciter les vers d'Hugo ou de Musset, n'oublieront jamais cet accent.

La conversation du Cte de Gasparin était plus souvent enjouée que sérieuse, avec des saillies, et le charme. Lorsqu'au Rivage, dans une réunion d'hommes distingués, l'entretien menaçait de devenir trop austère, M. de Gasparin, un éclair de malice aux yeux, lançait quelque proposition bien absurde, quelque mot de gros bon sens bien gai, qui mettait la pédanterie en fuite et déridait tous les fronts.

Le sans-gêne, il le détestait; il le nommait égoïsme; il voulait qu'on se gênât, pour ne pas gêner autrui (1).

(1) Il aimait l'élégance, sur lui, autour de lui; son goût, très-sûr et très-prononcé, ne faisait grâce ni au vêtement ni à

Vers neuf heures on célébrait le culte auquel assistaient les serviteurs, de vrais amis. M. de Gasparin expliquait la Bible, prononçant la prière — d'ordinaire c'était Mme de Gasparin qui la faisait — lorsqu'un étranger se trouvait en visite au manoir. M. de Gasparin considérait ce devoir comme le devoir essentiel du chef de famille ; il n'en cédait l'accomplissement à personne — son beau-frère excepté, — pas même à un pasteur, quand un pasteur se trouvait là.

Rien d'édifiant et de simple comme ce culte. Dans sa prière, M. de Gasparin présentait à Dieu les parents, les amis, les habitants du village. Il mentionnait avec actions de grâces les évènements heureux, la beauté des récoltes, une délivrance, une joie ; il parlait avec une résignation pleine de supplication et d'espoir de l'accident survenu dans la journée : de telle inquiétude, de tel malheur public ou privé.

la coiffure qui lui avaient déplu ; sans minutie, sans exigences personnelles, il attachait de l'importance à la bonne tenue de la maison ; une irrégularité de service le froissait.

Qu'on me permette de placer ici un détail qui serait indiscret ou puéril, s'il n'initiait au caractère intime et vivant de ce culte domestique, en même temps qu'il révèle jusqu'au fond le cœur du Cte de Gasparin.

Un hôte, qui assistait à l'un de ces cultes du soir, fut étonné, presque scandalisé, disons le mot, d'entendre M. de Gasparin prier pour la chatte malade — l'animal le plus caressant, le plus attaché à ses maîtres qu'on pût voir ! — L'hôte examina son impression, il comprit, elle s'effaça. En quoi la gloire de Dieu, qui consiste en sa bonté, pourrait-elle être atteinte par la requête du chrétien en faveur d'une créature de Dieu ? L'Éternel n'est-il pas le Dieu des passereaux ? Pourquoi rougirions-nous de confier nos émotions au Père qui a compté les cheveux de notre tête, au Miséricordieux qui, à la brebis tondue, mesure le vent ? Dieu veut que nous lui disions *tout*, que nous lui demandions *tout*. Devant Dieu rien n'est petit, tout est grand. Et avec quelle sollicitude Il nous écoute ! Les hommes, même les meilleurs, ont une sympathie vite épuisée ; Dieu, lui, ne se lasse pas ; il accueille, car il comprend.

« L'homme, pour être féroce à son aise, dit M. de Gasparin, supprime l'âme de l'animal, mais la Bible parle tout autrement. De toutes les lâchetés, la plus lâche est celle qui violente l'animal (1). »

Ailleurs, il écrit : « Luther prie pour la pluie et pour le soleil, pour les gens et pour les bêtes, pour la récolte de son champ et les fleurs de son jardin. Le secret de cette prière, voulez-vous que je vous le dise ? Pour la foi de Luther, Dieu était : le Père ! aussi, Luther avait avec Dieu la liberté de l'enfant (2). »

Le Cte Agénor de Gasparin se détournait pour ne pas écraser un insecte, il se baissait pour écarter une bestiole du chemin fréquenté.

En 1865, lors de son premier voyage en Espagne, il suivait avec *la Bande du Jura* un sentier

(1) *Pensées de liberté*, p. 120.
(2) *Luther*.

creux, au pied du Mont-Serrat. Mme de Gasparin marchait en avant ; elle rejoint un drôle qui abîme de coups son cheval, attelé à une lourde charrette. Remontrances, exhortations, n'ont pour résultat que de faire tomber plus dru le manche du fouet sur l'échine de l'animal ; Mme de Gasparin rebrousse chemin, appelle son mari ; deux bonds le mettent près du gueux qui s'acharnait sur sa victime ; sans mot dire, M. de Gasparin arrache le fouet des mains du manant, le brise en trois morceaux, et les jette par-dessus haie dans le champ voisin. Les yeux du vaurien lançaient des éclairs ; là-dessus arrive le brave courrier (1) :

— « C'est très-bien, monsieur, mais si vous continuez comme cela, vous attraperez un coup de *navaja* (2) ! »

Passionné de la chasse, M. de Gasparin l'abandonna sans peine à la prière de sa femme. Cette sensibilité qui le préoccupait à la rencontre d'un

(1) M. David Ravey, courrier émérite, très-dévoué à la famille, qui a fait avec ses divers membres huit fois le voyage d'Espagne, sans compter les autres expéditions.

(2) Formidable couteau.

visage soucieux ou chagrin, se portait sur tout ce qui respire. Il n'avait pas oublié le jour où, voyant se débattre à ses pieds la perdrix qu'il avait blessée, il dut se faire violence pour l'achever. Il ne mit plus des coups que dans le blanc, et ne le regretta pas.

On se donnait parfois un jour de repos à Valleyres. Ce repos, c'étaient douze heures, seize heures, vingt-quatre heures passées à franchir monts et vaux, à cueillir les fleurs par brassées, à respirer ! On partait en troupe, en *bande*, avant l'aube, pour la cime du Suchet, du Chasseron, des aiguilles de Baulmes, pour le mont Tendre ou pour ailleurs. Arrivés sous les sapins, la joie, le bonheur des vieilles amitiés, et des jeunes aussi, tout rayonnait. Les pommes de sapin — les *pives* comme on dit là-bas — dont le sol était jonché, volaient çà et là ; on attaquait, on se défendait ; la paix se signait au chalet, devant les baquets de crème et le beurre frais battu. Ou bien c'étaient des hymnes patriotiques, quelque chanson d'étudiant, dont le refrain répété en chœur réveillait les échos de la montagne ; plus volontiers encore quelque poète ou quelque prosateur favori dont on lisait un fragment, délicieusement étendus sous un sapin immense, avec trente lieues d'Alpes déployées à l'horizon. On allumait des feux, on rôtissait des pommes de terre : mets royal ! On déracinait soigneusement, pour les transporter dans le jardin de Valleyres, quelque gentiane ou quelque lys Martagon ; on arrachait quelque tronc vermoulu pour en alimenter le foyer ; on s'enivrait de souffles vivifiants et de liberté ! Les plus âgés de la troupe en étaient les plus jeunes. Ce chrétien sérieux, ce chrétien travailleur, ce chrétien aux robustes croyances, absolu, rigoureux, avait les joies de l'enfant.

Chaque année, M. de Gasparin prenait ce qu'il appelait ses vacances. Il avait besoin d'étendre ses ailes, de partir pour le bleu ! Après une longue année de labeur, il faisait avec *la Bande*, en septembre d'ordinaire, un voyage de quelques semaines. La *Bande*, c'était une réunion d'amis intimes, et il en était l'âme. On le retrouve, dans les volumes consacrés au récit de ces expéditions (1), avec ce caractère ardent, dévoué, chevaleresque, expansif, avec cette gaieté radieuse, avec ces enfantillages, avec cette bonhomie, ces malices sans malice, cet esprit plein de charme et d'étincelles, cette sève de vie, cette volonté de jouir de tout, même des contre-temps, floraison d'une existence bien employée, d'une âme en paix avec elle-même, en communion avec le Dieu qui n'a pas répandu ses bénédictions sur la terre pour en interdire l'usage à ses enfants.

« Le Dieu saint a mis des fleurs, des parfums, des couleurs partout et jusqu'au fond de la mer, où cela ne sert à rien (2). »

Cette facilité au bonheur, cette gaîté jaillissant en gerbes de lumière, ce libre essor d'un esprit bienveillant, cet abandon d'une âme expansive et tendre, le Cte Agénor de Gasparin ne les avait pas trouvés dans son berceau.

(1) *Bande du Jura*, 4 vol.
(2) *La Famille*.

Travailleur et sérieux, il était dans sa jeunesse un peu sombre au devoir. Timide, non de cette timidité qui provient de la crainte des autres ou de la défiance de soi-même, mais qui naît de la délicatesse du cœur, il gardait un peu de raideur au premier abord. Il a eu besoin de se faire violence pour visiter les pauvres, les malades, pour leur lire la Bible, pour prier avec eux. Ces visites et ces consolations, il y a trouvé une des grandes solidités de sa foi, une des grandes joies de son cœur. Né soucieux, contenu, avec des moments noirs, ces dispositions s'étaient graduellement effacées sous l'action de l'Évangile, dans la chaude atmosphère de l'amour. Il était devenu confiant, *espérant,* envers et contre tout.

Il détestait la dissipation. La frivolité, selon lui, vide le cerveau, dessèche le cœur, tue l'âme. Mais les bons rires, comme il les aimait! Ces grâces de l'esprit, ces chatoiements de la pensée, c'étaient les gouttelettes cristallines qui jaillissent d'une source vive et sautent au soleil. Il avait la joie, parce qu'il avait le sérieux dans les choses sérieuses, l'intégrité du cœur, et qu'il était heureux. Il faut du soleil pour que la plante revête ses couleurs et prenne ses parfums. La gaieté du Cte de Gasparin lui est venue de l'affranchissement de l'âme, du rejet des faux devoirs, de la vie indépendante, d'une juste mesure dans le travail. A Paris, il n'a jamais été gai ; mais à Valleyres, mais au Rivage, mais à Orange, la gaieté débordait. Il avait le rire si franc, si entraînant, si joyeux, que l'on riait rien qu'à l'entendre : âme candide, rires resplendissants !

Bien qu'il ne possédât pas d'enfants, la vie de famille eut pour M. de Gasparin son plein épanouissement de bonheurs, de douleurs et de devoirs. Le même salon rassemblait jeunes et vieux, tous unis par les fortes attaches du respect et de la tendresse.

A Valleyres, au Rivage, M. de Gasparin vivait auprès de son beau-père, dont la mort seule l'a séparé ; auprès de son beau-frère, M. Ed. Boissier, vrai frère dont la modestie, nous l'avons dit.

égale la science (1). Les deux enfants de ce frère, trop tôt séparé d'une femme bien-aimée, étaient élevés sous la quadruple sollicitude du grand-père, du père, de la tante et de l'oncle.

Pour la famille de France, la distance n'y faisait rien ; on la franchissait. Chaque année, M. et Mme de Gasparin allaient visiter leur père à Orange ; ils eurent plus d'une fois le privilège de voir arriver à Valleyres M. Paul de Gasparin, sa femme, leurs enfants qu'ils chérissaient, et M. Auguste de Gasparin, l'oncle de prédilection. Chaque année aussi, le comte Adrien de Gasparin venait se retremper auprès de son fils, dans l'air restaurant de Valleyres. Son crépuscule s'illumina des douces flammes de la tendresse filiale.

Puis vinrent les grandes brèches, les deuils profonds. Alors on s'étreignit plus étroitement.

Un temps fut, où l'étude empiétait sur la fa-

______

(1) Honoré des plus flatteuses distinctions qui lui arrivent d'Europe, d'Amérique et d'Orient, jamais le journal de son pays n'en a su mot.

mille ; c'était à l'époque où se livraient, en France, les graves batailles ecclésiastiques. L'excès du travail avait fortement altéré la santé de M. de Gasparin ; la famille souffrait, il le comprit, et ce fut alors que, résolûment, il tailla en plein labeur, fit la part large au foyer, aux lectures d'un intérêt général et aux exercices du corps. Une fois sa journée de travailleur achevée, il mettait la clef sous la porte — cela, c'est le privilège des forts — et ne se départit plus de cette salubre discipline qui sauvegardait les droits du cœur. S'il a su, avec tant de charme, avec une vérité si saisissante, dépeindre les félicités et les obligations de la famille, c'est qu'il a savouré les unes en commençant par accomplir les autres.

Valleyres n'était pas le Coppet du temps de Mme de Staël, quoique l'esprit et la science y eussent leurs représentants bien qualifiés. C'était une république démocratique, tout au plus une Maison-Blanche, comme à Washington, où les amis venaient échanger leurs idées, deviser li-

VALLEYRES.

brement, faire de la musique, écouter quelque chef-d'œuvre littéraire interprété par M. de Gasparin. Nul n'emportait — fait rare ici-bas — d'autre sentiment que celui d'une douce halte au milieu du voyage oppressant de la vie, dans quelque Éden soudain retrouvé.

On voyait là le botaniste Reuter, savant et modeste ami de M. Ed. Boissier, presque un membre de la famille, jouissant silencieux de tout ce qui se disait, en de rares occasions plaçant un mot juste et fin ; on y rencontrait MM. et Mmes Recordon de Rances, MM. et Mmes Dufour de Montchérand, leur nièce Hélène, habitués intimes ; la famille Vuitel, liée de père en fils et de mère en fille avec les habitants du manoir ; le baron Alfred de Gùmoëns (1) et sa jeune femme ; le baron et la baronne de Bon-

(1) Esprit charmant, caractère chevaleresque, le baron de Gùmoëns, major dans l'armée autrichienne, avait rempli avec distinction une difficile mission en Perse. Chef d'une des plus anciennes familles du canton de Vaud, il s'était retiré du service et vivait dans sa terre de Gùmoëns, où il exerçait une large hospitalité. La mort l'a enlevé à la tendresse des siens en 1876.

6

stetten (1), que l'automne ramenait chaque année dans leurs propriétés ; d'anciens et bons amis d'Orbe, d'Yverdon, de Mathod, de Lausanne, de maints châteaux d'alentour. En fait de pasteurs : M. Berger, attaché de longue date à la famille Boissier et qui avait béni, à Valleyres, le mariage de M. et de Mme de Gasparin ; M. Tachet, cœur sensitif, martyr depuis de sa fidélité aux convictions ecclésiastiques qu'il avait adoptées ; M. Reymond, l'habile directeur de l'école des gardes-malades à Lausanne ; M. Châtelanat, dont la modestie égalait le vaste savoir ; M. Borel, ami des bons et des mauvais jours, pasteur national, fondateur et directeur du Refuge de Genève ; chacun apportant son individualité, tous un cœur fidèle et chrétien.

En dehors de Valleyres, M. de Gasparin trouvait, dans ses visites à Morges, la société de ses parents Forel, de M. et Mme Lombard, de Vinet. Un profond respect, une parfaite unité de vues

(1) Nom historique et littéraire.

quant à l'Église, l'attachaient à ce dernier. C'é-
taient d'interminables conversations, plutôt avec
Mme qu'avec M. de Gasparin. Vinet, peut-être un
peu subtil, recherchait plus volontiers les esprits féminins, vers lesquels le portaient de secrètes affinités.

A Genève, M. de Gasparin vivait sur un pied de
grande intimité avec le savant Aug. de La Rive,
parent rapproché de sa femme. Dès qu'ils se
retrouvaient après une absence, les deux amis,
comme s'ils se fussent quittés la veille : « Voyons !
disaient-ils, arrangeons un peu l'Europe. » Plût
à Dieu qu'ils l'eussent arrangée ! Avec M. Alfred
Le Fort, autre parent, c'était un feu roulant
de saillies ; tous deux savaient leur Molière par
cœur, une citation répondait à l'autre, le réper-
toire y passait. Les relations avec M. Eugène
de La Rive, avec M. Adrien Naville, avec le
colonel Saladin, le colonel Tronchin, M. Barbey,
le pasteur Gaussen, le pasteur Coulin, le pasteur
Descombaz, M. Merle d'Aubigné, étaient d'un
autre ordre, diverses selon le caractère et l'âge

de ces hommes éminents à plus d'un titre (1).

M. de Gasparin avait la plus respectueuse affection pour M. et Mme de Butini de La Rive, oncle et tante de sa femme. Il ne tarissait pas sur leur bonté, sur l'esprit toujours jeune et toujours brillant de M. Butini.

La famille d'Orange et de Nîmes occupait une large place dans son cœur. Il soutenait une correspondance assidue avec son frère, M. Paul de Gasparin. Il vénérait ses oncles et ses tantes de Daunant, Dumas de Gasparin, toute une parenté qui lui demeurait solidement attachée. Il aimait d'un amour paternel ses neveux et ses nièces, objets habituels de ses ferventes prières. Ce qu'il demandait pour eux, avant tout, c'était la foi, c'était une vie consacrée au service de Dieu ; la question de bonheur ne venait qu'après.

(1) Qu'on nous permette de nommer ici MM. Alfred Du Mont, Alphonse de Candolle, Alphonse Favre, de Morsier, Sarasin, Marchinville, Pictet de La Rive, Max Perrot, W. et L. de La Rive, Micheli, Prévost, Boissier, Cramer, Le Maitre, sans compter une foule de savants distingués, de professeurs émérites, que nous ne saurions énumérer tous, et dont la sympathique bienveillance était précieuse à M. de Gasparin.

Une âme ardente rayonne sur tout ce qui l'approche, particulièrement sur tout ce qui requiert intérêt ou protection. Le Cte Agénor de Gasparin chérissait les enfants ; il les aimait pour leur faiblesse et leur candeur.

A Séville — 1867 — il assistait, durant les fêtes de Pâques, à une fonction célèbre : le *Sant' Intierro,* cercueil de cristal qu'on ne promène par les rues que tous les vingt ans (1). La place, convertie en amphithéâtre, débordait de fidèles. Près de lui se trouvait une famille : l'aïeule, la mère, une énorme petite fille de huit à dix ans. Courte, ramassée, plus large que longue, celle-ci ne pouvait rien voir. On avait beau la jucher sur sa chaise, prier les dames debout sur les leurs de s'asseoir, la pauvre grosse petite n'en restait pas moins ensevelie derrière une montagne de jupes bouffantes. Le Cte de Gasparin l'enlève, l'assied sur son bras, et, pendant toute une heure que durent les processions, l'y tient perchée. La petite avait bon cœur ; aussi trouvant la posi-

(1) Ce cercueil est consacré au Sauveur.

tion excellente : — « Et la grand'mère ! » s'écrie-t-elle en montrant l'autre bras. Heureusement que la grand'mère, éclatant de rire à cette idée, la repoussa d'un énergique : « *Caramba!* » — La fonction terminée, M. de Gasparin déposa son fardeau, se frotta un peu le bras, et dit en souriant : « Elle est de poids! »

Quand, sur la fin de l'automne, M. de Gasparin longeait ou traversait un pré, les petits bergers qui accouraient vers lui, demandant l'heure, recevaient toujours une parole amicale et quelque jolie brochure, quelque captivante histoire avec image, pour tromper les ennuis de la solitude, jusqu'au moment de ramener vaches et moutons dans l'étable.

Au mois d'août, les enfants des écoles du dimanche avaient leur fête. Par une belle après-midi, rangés en colonne, fleurs au chapeau, chantant des cantiques et d'agrestes couplets, ils s'acheminaient vers la lisière du bois, suivant les sentiers qui les amenaient des villages de Valleyres, de Rances, de l'Abergement, de Sergey, de Montchérand. Parvenus sous les grands chênes, ils se donnaient la main et formaient un cercle immense. M. de Gasparin, plus heureux que pas un, debout au milieu : — « Enfants, voulez-vous que je vous fasse un discours qui dure deux heures ? » Et les enfants : — « Oui, oui, deux heures ! » Et lui, en quelques mots, les portait aux pieds de Dieu. Puis arrivait le char plein de corbeilles ; la phalange bien endentée passait sous l'arbre séculaire où s'entassaient pains blancs et gâteaux. Après, venaient les jeux qu'avec son beau-frère, M. de Gasparin dirigeait, qu'il partageait, qu'il illuminait de sa joie ; le soir les feux d'artifice, et le retour dans les villages, l'allégresse au cœur.

Et la fête de Noël, quand le givre couvrait de ses diamants la verte, l'odorante ramée des sapins de montagne, quand la grande salle comble d'enfants resplendissait sous les feux du sapineau transformé en girandole de bougies !

Et la fête des *Encouragements*, alors qu'en mai, devant les tables chargées de petits paquets

portant chacun le nom d'un enfant, lui, debout, tourné vers ces visages qui rayonnaient dans l'auréole de leur printanier bonheur, il leur parlait avec amour de Jésus et du ciel !

Lorsque les enfants du village apprirent qu'ils ne le verraient plus, ils furent consternés. Quelques-uns, réunis sous un vieux porche, en parlaient. Une femme qui, de son jardin, les entendait dire : — « C'est fini, on n'aura plus la fête au bois ! — Vous y retournerez, fit-elle, d'autres vous la donneront. » Et elle nommait les jeunes qui restaient au manoir. — « Ce n'est pas la même chose ! dirent les enfants ; lui, *on y prenait les jambes !* » D'un mot, ils avaient exprimé le facile abord, la bonté familière, ce *quelque chose,* en effet, qui n'appartenait qu'à lui (1).

(1) Son humilité, profondément vraie, avait frappé chacun au village. Lorsque pour la première fois après la mort du Cte de Gasparin, un membre de la famille vêtu de deuil en traversa la rue, un des habitants l'arrêta, et sans autre préambule, pâle d'émotion : — « Et puis, humble ! » s'écria-t-il.

Dans une pauvre chambre, l'ouvrière qui cousait tout en soignant l'aïeule malade, s'interrompit tout à coup, et l'aiguille suspendue : — « Pour celui-là, fit-elle, on peut *y dire* : Bien-aimé !

M. de Gasparin, de concert avec son beau-frère, avait fondé à Valleyres des sociétés de secours mutuels pour les hommes et pour les femmes, cherchant à éveiller l'esprit d'initiative chez les villageois. L'espèce d'infériorité dans laquelle on maintient au canton de Vaud les femmes, si supérieures, l'indignait.

Il était jaloux pour les paysans de leurs droits, il se préoccupait de leur bien-être matériel. Le village se trouve resserré par les possessions de divers notables ; ni lui ni son beau-frère n'ont jamais accepté, dans le but d'élargir le domaine patrimonial, les offres de vente qu'on leur faisait fréquemment ; ils voulaient laisser aux cultivateurs pleine faculté de s'agrandir. Une seule fois, quelques semaines avant la dernière, M. de Gasparin s'est fait acquéreur d'un petit lopin de terre planté de noyers magnifiques dont s'ombrageait le chemin, et qui formaient au village la plus pittoresque entrée (1). Les noyers allaient disparaître, un entrepreneur les marchandait ; à tout prix, il

(1) Du côté de l'église.

fallait les sauver. M. et Mme de Gasparin résolurent d'acheter ces quelques toises de pré, avec la ferme intention de ne garder que la pente aux grands arbres, et de diviser le reste en parcelles, qu'ils se faisaient fête de donner plus tard à quiconque, parmi les indigents honnêtes et laborieux, en aurait besoin pour bâtir une maisonnette. Au moment de conclure, le propriétaire introduisit dans l'acte une clause expresse, en vertu de laquelle tout droit de construction était exclu. M. de Gasparin en eut un vif déplaisir, il voulait rompre; mais quelqu'un près de lui plaida la cause des noyers, joie des enfants, gloire du village; les noyers vécurent... ils vivent toujours.

De quinze en quinze, le dimanche après midi, le Cte de Gasparin donnait à Valleyres des conférences où l'on accourait d'Orbe et des villages environnants. Il les préparait avec cette même conscience qu'il mettait à préparer les conférences de Genève, données à trois mille auditeurs. Il y traitait les sujets les plus propres à exciter l'intérêt des habitants de la campagne, à leur élargir, à leur enrichir l'esprit. Après l'explication de quelques versets de l'Écriture et la prière, il racontait ses voyages, il disait l'évènement du jour : le percement du Mont-Cenis, le chemin de fer jeté d'un bout à l'autre de l'Amérique, les expéditions aériennes, les découvertes de la science ; il retraçait les plus héroïques épisodes de l'histoire nationale. Tout cela vivant, précis, sérieux et gai, pittoresque, avec ces mots qui tout à coup faisaient éclater un franc rire dans l'auditoire.

En Italie, en Orient, en Allemagne, en Espagne, en France, en Suisse, partout où il a séjourné, le Cte de Gasparin a laissé des amis dévoués parmi les serviteurs de l'hôtel, les *vetturini*, les enfants de la plage, dans les huttes de pêcheurs ou les cabanes de paysans. De retour chez lui, il envoyait à tel ou tel quelque souvenir affectueux. J'ai trouvé à Cannes un baigneur — mort en 1877 — qui jusqu'à la fin a reçu ces témoignages de persévérante affection.

Si M. de Gasparin savait donner, il savait refuser ; la chose est malaisée aux généreux. Les aumônes à la porte, les demandes épistolaires tantôt gonflées de flagorneries, tantôt bourrées de textes foudroyants, les quêtes de la paresse ou du désordre, les collectes en faveur de fêtes que désapprouvait sa conscience ou d'intérêts contraires à sa foi, il les écartait sans balancer.

Il avait la charité intelligente et pratique.

M. et Mme de Gasparin fondèrent, en 1859, à Lausanne, l'école normale gratuite des gardes malades, sous la direction de M. le pasteur et de Mme Reymond. Cet établissement, application du principe de libre dévouement évangélique, forme chaque année seize à dix-huit infirmières ou sages-femmes, sérieusement instruites, bien qualifiées, recherchées partout où la maladie requiert des soins expérimentés et la consécration au devoir.

En 1864 s'ouvrit à Yverdon un modeste asile qui, durant la saison des bains, recueille des malades indigents auxquels pension, bains et douches sont gratuitement fournis.

La vertu, dit-on, n'est pas toujours gracieuse ni la foi toujours aimable. Ces paroles ne sauraient s'appliquer à M. de Gasparin. Rien n'égalait sa cordialité envers ses serviteurs ; il les chérissait, il en était profondément aimé. Chaque soir, à genoux devant Dieu, maîtres et serviteurs se sentaient unis par d'éternels liens. Au reste, c'était affaire de tradition ; les deux familles ont toujours respecté qui les servait.

Dans le monde, M. de Gasparin s'effaçait volontiers ; il y avait en lui un attrait discret, une grâce innée, une indulgence, une urbanité qui séduisaient et charmaient : l'esprit peut éblouir, mais c'est le cœur qui captive. Courtois sans aucune affectation, modeste et simple, habile à manier la fine ironie sans jamais blesser ; un regard, son sourire plus encore que sa parole, indiquaient sa pensée à l'ouïe de quelque paradoxe bien absurde, de quelque grosse sottise proclamée à ton tranchant. Sa bonhomie, d'autant plus attrayante qu'on la sentait naturelle, n'avait point ces condescendances hautaines qu'on rencontre chez l'homme supérieur un instant abaissé au niveau du commun des mortels. Dans le cercle intime, il s'ingéniait au bonheur de chacun. Nul n'était plus *serviteur,* au sens sublime du mot. Volontiers il sacrifiait tout ; tout, hormis son devoir.

En 1861, il passait avec la *Bande* à Monaco. La direction annonce pour le soir un concert : prima donna, orchestre d'élite, programme brillant ! M. de Gasparin enchanté transmet la bonne nouvelle à sa Bande. On juge du plaisir. Puis, M. de Gasparin se prend à réfléchir : c'est le fermier des jeux qui donne la fête, c'est lui qui offre les billets ! M. de Gasparin fronce le sourcil. On demande à payer les billets, comme on paie les appartements et les repas, fournis par la même direction ; la direction refuse. M. de Gasparin, malgré plus d'une sollicitation, refuse à son tour, résolu de ne rien devoir ;

pas même l'écho d'une voix, à l'immonde repaire où vont se flétrir tant d'âmes et s'engouffrer tant de bonheurs. Les accords de l'orchestre eurent beau retentir, la Bande n'alla pas au concert.

Dieu avait créé M. de Gasparin homme de paix, son siècle l'a fait homme de guerre. Mais, dans la guerre, il n'a cherché que la paix. Il a poursuivi la paix jusqu'au bout.

Il la poursuivait en 1870-1871, aux derniers mois de sa vie, dans le tumulte de la mêlée, assailli d'une grêle de lettres signées, de lettres anonymes, plus meurtrières que les balles. Les lettres anonymes, ces coups de stylet donnés par derrière, il les nommait de leur vrai nom: il les appelait lâcheté. Elles n'ont jamais démonté son courage; blessé, il restait ferme à la brèche. Il est mort homme de paix, en combattant toujours. Sa courtoisie ne l'abandonna pas plus que sa valeur. En butte aux violences, derrière l'antagoniste haineux il voyait l'homme ; il le respectait. C'est l'incertitude des convictions qui fait l'intolérance. Le chrétien solide en sa foi possède un inépuisable fonds de largeur, de passion pour la lumière, de pitié pour les égarés : « L'amour chrétien, a dit quelque part M. de Gasparin, enseigne à chérir ceux que l'on combat, à prier pour les persécuteurs. La règle évangélique se réduit à ceci : sévérité pour les choses, charité pour les personnes ; respecter ceux qui se trompent, ne ménager aucune erreur. » — Si nos discussions suivaient cette règle, quelle transformation ici-bas !

Doux envers les hommes, inflexible dès qu'il s'agissait des principes, M. de Gasparin en mainte occasion a sacrifié *son* droit, jamais *le* droit. Quand il cédait, ce n'était pas faiblesse ; il savait, relevant le front, affirmer sa dignité.

Il avait de nobles emportements, de généreux courroux. Certaines malveillances grossières s'en prenaient-elles à ce qui lui était le plus cher, son indignation soulevée en ondes puissantes balayait tout. L'injustice, un acte bas et cruel, le

faisaient bondir : fougueux, un embrasement !
Puis bientôt maître de lui.

Un dimanche, à Valleyres — c'était l'époque
des violences exercées contre l'Église libre —
je ne sais quel manant, drôle fieffé, la terreur du
village, se précipite, bâton en main, sur une
jeune femme qui se rendait à la chapelle indépendante, et la frappe ! On regarde, nul ne bouge.
Le Cte de Gasparin, qui arrivait, saute sur l'individu, l'enlève, le jette sur un tas de fumier —
par pitié pour ses os, dit-il — tandis que M. Ed.
Boissier, venant d'un autre côté, reprend en sous-
œuvre le vaurien, et cette fois l'étend tout de son
long sur le pavé, au grand ébahissement des
gens du village, confondus de voir que les mes-
sieurs avaient de si rudes poignets, et qu'ils savaient s'en servir ! — Ce fut un grand bien pour
les habitants de Valleyres ; ils apprirent à ne pas
trembler devant la méchanceté audacieuse. Ce
fut un grand bien pour le sauvage brutal, ainsi
traité selon ses habitudes ; il apprit à estimer,
puis à aimer les deux hommes qui l'avaient châ-

tié. A son lit de mort il les appela, désira leurs prières, reçut leurs visites, et s'en alla, selon toute apparence, réconcilié avec Dieu.

Ces consolations aux mourants ne sont pas un fait isolé. Bien des sceptiques, refusant à la fin de leur vie les exhortations du pasteur officiel, demandèrent les sympathiques secours du laïque plein de foi. Un chrétien, en apprenant la mort du comte de Gasparin, s'écriait, au milieu de l'explosion des regrets personnels : — « J'avais compté sur lui pour m'assister à ma dernière heure ! »

M. de Gasparin connut la douleur, il se courba sous les deuils.

Dans l'arrière-automne de 1857, il revenait d'un de ses courts voyages ; une lettre l'appela subitement à Orange : son oncle chéri, M. Auguste de Gasparin, s'y mourait, à la suite de maux longs et cruels. M. et Mme de Gasparin partirent à l'instant, et ne quittèrent cette chambre de souf-

france qu'après le dernier soupir, unis à l'agoni-
sant par les mêmes convictions, par le même
espoir, par d'ardentes prières, par la certitude
du revoir éternel. Cet oncle, individualité hors
ligne, avait été la flamme de poésie posée dès le
berceau sur le front du neveu : la foi du neveu,
comme un brillant soleil, éclairait son déclin.

Quelques semaines plus tard, les mêmes scè-
nes funèbres se renouvelaient au Rivage.

M. Boissier, beau-père de M. de Gasparin,
était mortellement atteint. Homme au cœur profondément tendre, à l'esprit original et vif, au
jugement sûr, d'une exquise bonté, étonnam-
ment simple d'habitudes, serviable aux petits,
grand amateur de chevaux, habile violoniste, il
s'était intimement lié avec le comte Adrien de
Gasparin, beau-père de sa fille. Vingt années de
relations constantes et de fréquente cohabitation
dans l'hôtel de Paris ou sous le toit de Valleyres, une parfaite bonhomie des deux parts, bien
des affinités de caractère, bien des ressemblan-
ces de goût avaient cimenté cette amitié. A dater

de 1848, les enfants de M. Boissier s'étaient établis auprès de lui. Ils entouraient son lit de
mort. Le Cte Agénor de Gasparin, dans l'effu-
sion des derniers adieux, s'accusait ainsi qu'eux
de ne lui avoir pas donné assez de bonheur. Le
vieillard, se soulevant un peu, lui dit d'une voix
qui tout à coup redevint ferme : — « Pour vous,
Agénor ! *Vous avez été un gendre comme il n'y
en a point !* » Puis il ajouta, regardant son fils,
sa fille et son beau-fils : — « Trois bonsoirs. »
Et les mains se pressèrent dans une suprême
étreinte.

La vie est un pèlerinage ; les arrivées sont douces, amères sont les séparations.

En 1862, le Cte Agénor de Gasparin venait de
quitter Valleyres ; il avait eu le bonheur d'y pos-
séder son père pendant deux mois ; à peine
arrivé à Vienne, un télégramme lui apprend
que son père est foudroyé par une attaque
d'apoplexie. Une première atteinte, quelques
années auparavant, avait mis la vie du comte
de Gasparin en danger ; il était resté inva-

lide, avec les facultés et le cœur intacts. M. et Mme de Gasparin coururent à Orange. La mort n'est qu'une victoire temporaire du Destructeur ; le croyant le savait, mais le fils pleurait.

Deux ans après, en 1864, l'inauguration de la statue du célèbre agronome réunit à Orange une foule de savants. Ses deux fils convièrent au temple cette assemblée d'élite. Ce jour-là, le Cte de Gasparin occupa la chaire ; il parla avec toute la puissance de ses convictions, avec toutes les tendresses de son cœur. Ce fut la première fois, peut-être, que quelques-uns de ses auditeurs entendirent l'Évangile.

Un homme qui a soutenu de fréquents rapports avec le Cte Agénor de Gasparin, demandait un jour au beau-frère de celui-ci : — « Mais ne lui connaissez-vous pas quelque défaut ? » — « Je ne lui en ai jamais découvert, répondit M. Ed. Boissier, et voici plus de trente ans que je vis avec lui ! »

Arrivé au terme d'une longue carrière, après

avoir vu bien des intérieurs, sondé bien des âmes, je l'affirme à mon tour, je n'ai connu qu'un seul chrétien — J. L. Micheli, et il n'habite plus cette terre — qui fût aussi près de la perfection. Ces deux hommes n'avaient de commun que le milieu social auquel ils appartenaient : très-différents de caractère, de tendances, de facultés, d'habitudes, de tempérament.

Diversité dans l'unité, voilà ce que maintient l'Évangile. Le monde et les philosophes prétendent tout niveler. L'Évangile donne pleine latitude aux divergences ; il n'en a pas peur. Sans le prisme, où serait l'éclat du soleil ?

DERNIER HIVER

DERNIER HIVER

Durant les deux dernières années de sa vie, le Cte Agénor de Gasparin eut à supporter une épreuve qui, en modifiant ses habitudes, menaçait d'entraver ses travaux. Il avait les yeux magnifiques, pleins de lumière et pleins de douceur. Son regard était perçant. Jusque vers la fin de l'automne 1869, il a écrit et lu durant une grande partie de la journée, faisant des lectures à haute voix le soir encore, à la clarté de la lampe. Sa vue tout à coup s'affaiblit; les progrès du mal furent rapides. Lorsque décidément ses yeux commencèrent à lui refuser service, il y eut un douloureux combat. Voir moins, c'était ne plus lire, ne plus écrire, sacrifier de grands projets d'études et de publications. Après les étreintes d'une lutte intense, il dit : — « Eh bien ! je changerai mon genre d'existence ; je visiterai beaucoup plus les pauvres, j'écrirai moins, ou je n'écrirai plus. » Mais ce n'était pas là ce que Dieu voulait. Le docteur Recordon, de Lausanne, l'habile oculiste, ami dévoué, conseilla au Cte de Gasparin de prendre, avant d'y être contraint par la nécessité, l'habitude de dicter et de se faire lire (1). Il se fit lire et il dicta. Orateur habitué à ne jeter sa pensée sur le papier, que lorsqu'elle s'était formulée dans son

(1) Jusqu'à la fin, par la grâce de Dieu, le Cte Agénor de Gasparin a pu écrire lui-même ses lettres de famille, ses lettres d'affaires, ses notes sur les carrés de papier et lire sa Bible. Pour le courant des dictées, il employait la plume de M. Ph. Besson, jeune horloger qui avait quitté ses outils afin de le servir. M. Vannod, instituteur à Valleyres, lui consacrait quelques instants chaque jour. Il appela momentanément aux mêmes fonctions M. G. Widmer, vigneron, homme d'intelligence et de cœur. Celui-ci disait, parlant de ces quelques semaines passées auprès de M. de Gasparin : — « Il n'aurait pas fallu que cela se prolongeât, je n'aurais plus pu le quitter ! » Lui, gardait à chacun d'eux une sincère et chrétienne affection.

esprit, l'effort lui coûta moins qu'à tout autre : son individualité s'affirma davantage, elle sortit mieux dégagée d'études qui ne le débordaient plus.

Près de lui, la souffrance fut poignante ; il semblait que le soleil se fût obscurci. Lui servir de lecteur, c'était une douceur ineffable ; mais cette voix si pénétrante, qui charmait, qui transportait lorsqu'elle interprétait les grandes œuvres des grands auteurs, on ne l'entendrait plus ! Ce fut alors que, dans sa soixantième année, il apprit par cœur des centaines et des centaines de vers. Au lieu de lire, il récita. Le sacrifice, toutefois, restait douloureux. L'affaiblissement de la vue pouvait s'aggraver ; le Cte de Gasparin en suivait la marche, laissait parfois échapper un soupir, puis relevait le front, déterminé à la résignation et au bonheur.

La terrible année 1870 — *l'année lugubre*, comme l'appela M. de Gasparin, dès l'ouverture des hostilités — était arrivée, apportant à la France des désastres inouïs, une suite ininterrompue de défaites, la perte de deux provinces et le massacre de ses enfants. Si jamais guerre insensée coûta cher à un peuple, ce fut celle-là. Le vertige aveuglait, l'enivrement d'orgueil poussait aux abîmes.

M. de Gasparin se trouvait alors à Gais — Appenzell. — La politique extérieure prenait des allures étranges, les prétentions se faisaient bizarres, les procédés diplomatiques ténébreux et mauvais. Mais une guerre! Nul n'y pouvait croire. Non, il ne pouvait y avoir des hommes assez impies, des fous assez furieux pour déchaîner sur l'Europe cette infernale tempête.

Lorsqu'éclata la nouvelle, certaine, effroyable, M. de Gasparin fut frappé comme d'un coup de poignard en plein cœur. Un dernier espoir s'éveilla dans cette âme trop énergique pour admettre les défaillances. La France allait se lever! La France allait dire: Je ne veux pas! En France, il y a pourtant des hommes, il y a encore des ca-

ractères, l'Empire n'a pas tout aplati ! Alors, d'un
seul jet il écrivit sa *Déclaration de guerre*. Le *Journal des Débats* refusa de l'insérer : premier affaisse-
ment ; d'autres suivirent. Bien avant d'être vain-
cue, la France tout entière sombra. A Berlin !
ce fut le cri de la nation affolée. L'écrit prophétique n'obtint que de rares assentiments, timides,
et qui bientôt s'effacèrent. Devant le fait accompli, chacun se courba. **M. de Gasparin, lui, ne**
fléchit point. Il souffrit cruellement. Brûler pour
son pays d'un amour passionné et le voir incapa-
ble de virile résistance, rester seul debout quand
tout ploie, parler seul d'honneur national quand
la nation foule aux pieds l'honneur, en appeler
seul à la conscience quand la conscience a dis-
paru, proférer seul le mot de paix quand le délire
vocifère des cris de fureur, c'est un héroïsme qui
s'achète au prix du sang, et les siècles sont
avares de ces vaillances.

Vint la série des désolations. Lorsque le sang
de la France eut en vain inondé ses champs de
bataille, M. de Gasparin publia : *la République*

neutre d'Alsace, — décembre 1870. — En Alsace on s'émut, on vint le consulter ; il savait de bonne source que la neutralité de l'Alsace, si l'Alsace voulait, avait des chances ; mais le parti clérical ne *voulait pas ;* le parti clérical voulait la guerre à *outrance* ; et la guerre continua.

En février 1871, après le désastre Bourbaki, lorsque l'invasion marchait à pas de géant, que le gouvernement de la défense reculait de ville en ville, que « le dernier homme et le dernier écu » allaient être dépensés, M. de Gasparin jeta son cri suprême : *l'Appel au patriotisme et au bon sens.* Nul n'écouta. Mais ces trois écrits resteront ; ils resteront comme la protestation d'un grand patriote, et quiconque les relira y trouvera les prédictions d'un clairvoyant, prédictions que chaque écroulement, dès lors, se chargea d'accomplir.

La prise de Paris affligea le Cte de Gasparin, moins toutefois que ne l'avait fait l'abaissement moral de la France. La Commune, dont il vit les premiers actes, le désespéra. Le siège, la prise de Paris, c'était la France humiliée ; la Commune, c'était la France avilie. Criblé d'attaques, menacé, indomptable dans son austère amour pour son pays, jusqu'au bout il parla vrai, jusqu'au fond il but l'amer calice.

Durant les mois néfastes de la guerre, il prépara son livre, le livre qui porte le nom de cette France, si énergiquement aimée ; livre de courage, d'espérance et de foi. Il y exhorte ses compatriotes à la poursuite du vrai, au sérieux moral, au respect de la conscience, au service de la justice, aux réelles grandeurs : à l'Évangile, pour tout dire d'un mot. Brisé, il ne le fut qu'une heure ; l'espoir revenait, avec l'espoir le travail. Nous l'avons dit, il était un de ces espérants dont Dieu fait des vainqueurs.

Voici une note écrite vers la fin, avec le gros crayon dont la faiblesse de ses yeux le contraignait de se servir ; retrouvée après la publication de *La France,* elle était destinée à en terminer la dernière page : « J'ai fait mon devoir ; plus tard on verra que j'ai dit vrai. Sera-ce trop tard ? »

Non, il n'est pas trop tard. La France a vu, elle a compris, elle s'est réveillée. Oh ! comme le cœur du Français aurait bondi, à ce magnifique relèvement ! Ses œuvres, répandues à profusion, les libres accents de sa voix n'ont pas été perdus. Pour leur grande part, ils ont provoqué le réveil. Les lèvres sont glacées, mais le cœur bat encore, le patriote vit toujours, et le travailleur n'a pas cessé de travailler.

En février, une consolation lui fut accordée. M. et Mme de Gasparin passaient l'hiver à Valleyres. Le 30 janvier, cédant à de pressantes sollicitations, le Cte de Gasparin avait, malgré ses préoccupations douloureuses, donné une séance dans la ville d'Orbe. C'était une séance de récitation. Il n'avait pas le cœur à parler sur quelque sujet que ce fût. L'auditoire débordait la salle. Deux jours plus tard, des matelas d'ambulance en couvraient le plancher ; des soldats exténués, malades, gelés, y étaient étendus ; on y entendait les cris incohérents du délire, les gémissements

arrachés par l'excès de la souffrance, les pleurs
de ceux qui ne devaient plus revoir leur mère ;
on y agonisait, on y mourait. Mais ce soir-là, le
tableau funeste restait voilé. Pendant une heure
et demie, le Cte de Gasparin debout, sa grande
et belle figure dans une sorte de pénombre qui
l'ennoblissait encore, dit les chefs-d'œuvre
d'Hugo, de Molière (1), de Lamartine, de Musset.
Il embrasa son auditoire; jusqu'aux enfants
étaient électrisés.

Cependant l'armée Bourbaki, que poursui-
vaient les troupes allemandes (2), était refoulée
sur la Suisse; un silence inexplicable enve-
loppait ses mouvements. D'ordinaire, le Cte de
Gasparin sortait l'après-midi; il allait à travers la
campagne; les vols de corbeaux, auxquels il faisait une distribution quotidienne, l'attendaient et
l'escortaient. Dans les derniers jours de janvier
ils disparurent; on se dit au manoir : « La table

(1) *Tartuffe.*
(2) Les internés disaient naïvement : « Ils nous ont fait
urir, allez ! »

est mise pour eux sur quelque champ de bataille, de l'autre côté du Jura! » Des bruits sinistres planaient dans l'air, on entendait un lointain roulement de détonations, comme si la foudre eût promené ses grondements sourds derrière la montagne. Une neige épaisse couvrait le sol.

Chaque jour on envoyait chercher les nouvelles. Le 1er février, on va les prendre à Yverdon. Deux ou trois cavaliers français galopaient sur la route : c'est la débâcle ! La ville d'Yverdon était pleine d'officiers Bourbaki ; le corps d'armée allait arriver. Au manoir, c'était l'état-major d'un régiment de mobiles qu'une dépêche annonçait. A la hâte, on prépare logements et repas. Bientôt on voit, le long des pentes du Jura suisse, descendre en lamentable file les soldats épuisés, morfondus, malades, les pieds gelés. Cette avalanche remplit le village. Vers neuf heures du soir, voilà les mobiles, presque des enfants, heureux de trouver bon souper, bon gîte et bon accueil. A minuit — granges et dépendances étaient combles, — M. et Mme de Gasparin se retirent dans leur salon, bénissant Dieu qui leur a fait la grâce d'abriter quelques épaves au milieu du désastre. Ils ont pris les noms des mobiles, Mme de Gasparin va écrire à leurs familles. La porte s'ouvre : — Monsieur, un autre état-major ! — C'est le Cte Tascher de la Pagerie, cousin de l'empereur, accompagné de huit à dix officiers. Où les mettre ? que leur donner à manger ? Plus rien ! Ni provisions ni lits. Quant à réveiller les braves mobiles qui dorment comme on dort à vingt ans, pas question.

En attendant, on a fait entrer le Cte Tascher de la Pagerie et son état-major dans la salle à manger, on a mis sur la table tout ce qu'on a pu trouver, on a découvert une petite pièce encore inoccupée ; et puis, il y a dans le village une autre habitation, qui appartient à M. et Mme de Gasparin et à laquelle on n'avait pas songé. Allons, tout s'arrangera ! — Les officiers sont passablement gourmés, ils savent qui les abrite ; l'on sait, au manoir, que le parti auquel ils appartiennent a poussé la France à sa perte. Mais le

Cte de Gasparin était bien trop gentilhomme pour laisser planer une ombre de froideur sur son accueil. La réception est cordiale, et le lendemain, M. de Gasparin donnait une franche poignée de main au Cte Tascher, qui, à cheval, conduisait son régiment au dépôt d'Yverdon.

Ce n'était là que l'avant-garde des corps en déroute. Le 2 et le 3, par tous les couloirs de la montagne, le gros de l'armée s'abattit sur la contrée : soldats au pas chancelant, au regard vague, comme enivrés de fatigue et de douleur. L'état-major Tascher fut remplacé par l'état-major d'un corps confédéré zurichois ; l'infanterie française occupait jusqu'aux moindres recoins ; dans les granges, on entendait parler allemand, français, arabe ; ceux qu'on ne pouvait caser, on leur donnait de la soupe chaude, du pain, du fromage, un verre de vin. La question des subsistances était une grosse question ; on ne savait plus où prendre ni farine, ni viande, ni légumes. Vingt mille soldats ne tombent pas tout à coup sur un petit coin de pays, sans l'embarrasser un peu (1). Il n'y avait plus moyen d'abriter un homme, et les hommes arrivaient toujours.

Décidément, il faut prévenir le syndic, il verse la colonne entière sur le manoir! M. de Gasparin court chez le syndic, résolu d'arrêter le flot. Quelques instants après il revient : — « Eh bien? » lui demande sa femme. — « Eh bien ! j'ai trouvé ce pauvre syndic aux abois, et je lui ai dit : Envoyez-nous tout ce que vous ne pourrez pas loger! (2). »

Le lendemain, de bonne heure, M. et Mme de

(1) M. François Aellen, serviteur et ami de la famille, déploya en cette circonstance un rare talent de pourvoyeur.

(2) Les habitants de Valleyres, Rances et villages environnants, accueillaient à bras ouverts les soldats éclopés et morfondus. L'année n'avait pas été bonne, tant s'en faut, il n'y avait pas grand'chose au logis. Eh bien, ce peu, on le donnait; on mettait le plus gros saucisson dans la marmite, les meilleures pommes de terre sur la table; on n'épargnait ni le café, ni le lait, ni le fromage, ni le pain; on dédoublait les lits, plus d'un couchaient sur le plancher ou sur le foin dans la grange, pour établir les éclopés entre *coëtte* et duvet. Les notables faisaient fête à leurs hôtes. A Montchérand, de très-modestes bourses de demoiselles organisaient des distributions de soupe chaude. Aussi, le canton de Vaud est-il resté

Gasparin se rendirent à Orbe. Sur le chemin que couvrait la neige, ils rencontraient à chaque pas des soldats tremblant de fièvre, de froid, de faim : — « Voyez-vous là-bas ce grand toit ? leur disait-on, allez-y, vous trouverez de quoi vous restaurer ! »

Lorsqu'il atteignit, aux abords d'Orbe, les feux de bivouac entourés de figures spectrales, un pressentiment prophétique traversa la pensée de M. de Gasparin : — « Ces pauvres gens, s'é-cria-t-il, traînent la contagion après eux ; le pays sera empoisonné ! »

En attendant, une aile du manoir se transfor-mait en hôpital. On avait été, avec un grand char à échelles garni de matelas, quérir les éclopés sur la route de France ; on en avait ramené un plein chargement (1). Bientôt, les typhus, les

pour les internés une sorte de paradis, tout au moins un pays de bombance ; la plupart n'ont qu'une idée : y revenir ! Hélas ! pauvres amis, là, comme ailleurs, il faut travailler pour manger.

(1) L'entreprise n'était pas aisée : des corps d'infanterie et de cavalerie interceptaient la route, entre Orbe et Montchérand ;

petites véroles se déclarèrent. On vit alors arriver, le 6, des voitures d'ambulance, tachées de
sang ; elles venaient chercher les typhoïques, les
véroleux et les galeux, au grand regret des trans-
bordés. A mesure que les infirmiers installaient
ceux-ci dans leurs chariots, et qu'on leur mettait
en main un morceau de pain accompagné d'une
tranche de rôti, le Cte de Gasparin, passant d'une
voiture à l'autre, y montait, serrait ces pâles
mains dans les siennes, y glissait une offrande,
timide comme il l'était toujours, lorsqu'il s'agissait de faire quelque don qui ressemblait à une
aumône. Le manoir garda les pieds gelés, les
dyssenteries, les bronchites, et quelques bien
portants.

M. de Gasparin avait vu vrai, les maladies
contagieuses sévirent bientôt ; elles fauchèrent
les plus précieuses vies. Lui, y a perdu la sienne.

il fallait donc la rejoindre plus haut, à travers champs, et de
la neige parfois jusqu'au moyeu des roues. Deux vigoureux
chevaux de ferme traînaient le char à échelles ; Ferrand, l'habile cocher de M. et de Mme de Gasparin, mettant tout son
cœur à cette expédition, conduisait le traîneau.

Des miasmes délétères emplissaient l'air ; les affronter, pour soigner ces pauvres gens, c'était un privilège et un bonheur. Mais il fallait autre chose encore. Chaque jour, le Cte de Gasparin faisait, dans la chambrée, un culte très-simple, que les soldats écoutaient volontiers. Beaucoup, hélas ! n'y voyaient guère ni plus loin ni plus haut que le nom de leur régiment, leur numéro d'ordre, la vaste soupière, et la pièce de viande aux restaurants aromes. De ceux-là, M. de Gasparin disait : — « Il faut que je leur trouve une âme ! » On ne s'en tenait pas aux explications de l'Évangile, on causait ; il y avait sur la table enveloppes et papier ; la correspondance allait grand train. Ces fronts s'éclairaient, on voyait sourire ces lèvres étirées ; les braves soldats se sentaient aimés, ils aimaient à leur tour. Quelques-uns écrivent encore : toujours ils se souviendront, mandent-ils, de ce que leur a dit le Cte de Gasparin.

On passa le mois de février à soigner les internés dans l'ambulance improvisée de Valleyres, à les visiter dans l'ambulance d'Orbe. Là aussi, le Cte de Gasparin avait l'art de se faire écouter. Cet art, c'était l'élan du cœur. Sitôt qu'il paraissait, les malades se soulevaient sur le coude ; ceux qui, d'ordinaire, dormaient à poings fermés lorsque s'avoisinait quelque solennelle exhortation, se réveillaient bien vite quand il s'agissait de M. de Gasparin (1).

Le 1er mars, les internés de Valleyres partaient guéris, assis dans le char à échelles qui les avait amenés invalides ; ils se rendaient, chacun lesté de cigares, de chocolat et d'un petit viatique, au

(1) Dans cette ambulance, au milieu des typhus, Mme Malh., Mlle M. Hos., Mlle E. Duf. pansaient de leurs mains les plaies les plus répugnantes ; M. Cavin, délégué par la municipalité, dirigeait, avec une ponctualité qui n'avait rien de raide ou de rigoureux, la partie matérielle de l'œuvre ; M. Wehrli fils y apportait tout son dévouement ; M. Duperrex, pasteur, un cœur sympathique et chrétien. Les malades ne manquaient pas de visiteuses, dont la conversation charmait les longues heures de souffrance. Et la même chose se reproduisait dans les différentes villes qui avaient recueilli les internés. A Neuchâtel, les dames — Mme M. Abr., nièce de M. et Mme de Gasparin, entre autres — accomplissaient le même office d'infirmières. La contagion moissonna largement parmi ces serviteurs et ces servantes de Jésus.

8.

bureau central d'Yverdon. Les saintes Écritures, ils les avaient reçues dès le premier jour.

Il fallait désinfecter le logis. On resta quelques semaines encore.

Mme de Gasparin, hantée de pressentiments lugubres, avait facilement obtenu de son mari une prolongation de séjour en ces lieux aimés, au sein des merveilles de la floraison naissante qui chassait le sombre hiver. Tous deux firent ensemble de longues promenades, au pied de la montagne : un jardin de Dieu où les touffes de primevères jaunes d'or et de bleues hépatiques formaient le plus éclatant tapis ; sur le Suchet, taché çà et là de flaques de neige, avec des crocus à foison, partout où elle avait quitté le sol. On eût dit d'éternels adieux.

Le 17 mars, quelques amis vinrent au manoir célébrer avec le Cte et la Ctesse de Gasparin le trente-quatrième anniversaire de leur mariage. Jamais M. de Gasparin n'avait été si heureux. Il se sentait jeune ; les années ne l'avaient pas touché : — « Lorsqu'en lisant, disait-il, je vois le mot *vieillard*, accolé à ces deux autres : *soixante ans,* je reste stupéfait ! Il me faut un instant de réflexion pour m'écrier : « Mais soixante ans ! C'est moi. »

Le départ pour Genève fut encore retardé de huit jours. M. de Gasparin, qui semblait avoir un redoublement de vie, considéra cet incident comme une circonstance indifférente ; sa femme le reçut comme un condamné à mort reçoit le sursis. M. de Gasparin riait de ses terreurs : — « Un séjour au Rivage, il n'y a pas là de quoi trembler ! » s'écriait-il ; et il ajoutait : « Dans six semaines, nous serons revenus. » Mais il est des âmes auxquelles l'amour, les douleurs souffertes, les défiances de la vie donnent la seconde vue, comme si le malheur projetait sur elles une ombre immense, qui les envahit longtemps avant que le coup soit frappé. Il semblait à Mme de Gasparin qu'abandonner Valleyres, c'était abandonner pour jamais l'Éden ; à mesure que s'avoisinait l'instant du départ, son cœur frissonnait :

— « Je marche à l'échafaud. » disait-elle ; et ses amis de sourire.

Le jour où l'on quitta Valleyres, M. de Gasparin ressentit une nouvelle atteinte du mal contagieux qu'avaient apporté les internés. Les deux voyageurs arrivèrent par une bise violemment déchaînée, aiguë, perçante, qui de Genève, où les avait déposés l'express, au Rivage où les menait une voiture découverte, les glaçait et les frappait au visage, avec les colères d'un pouvoir ennemi.

Nul ne se rendit compte de l'altération que subissait la santé du Cte de Gasparin ; il conserva jusqu'à la fin sa verve, ses effusions de tendresse, sa gaîté, son bonheur. Jamais sa vie n'avait eu plus royal épanouissement.

Les insondables amertumes de la séparation, Dieu les a épargnées à son serviteur. Le dernier jour, M. de Gasparin ne croyait pas même à la gravité de son mal. Il entendait lire avec un vif intérêt, il écoutait la musique avec délices.

Lorsqu'un flot de larmes interrompait tout à coup sa lectrice, il la regardait, puis lui adressait un sourire illuminé d'espoir. Il se promenait dans les sentiers ; les rossignols donnaient leurs concerts, les arbres avaient leur couronne odorante, il en respirait les senteurs, parfois il plongeait son visage au milieu des grappes embaumées des lilas et disait : « J'aime cela ! » — Passant la main sur ses yeux obscurcis, il rappela avec un sourire enjoué la plaisanterie que lui adressait autrefois sa belle-sœur chérie, Mme Edmond Boissier. Elle l'accusait, lorsqu'une ennuyeuse visite se faisait interminable, de prendre un regard glacial : — « Lucile, s'écria-t-il, pourrait bien me dire à cette heure : Agénor, vous faites vos yeux vitreux ! »

Il avait la joie ; dans son état maladif, il la gardait ; et comme pour s'y encourager : — « Les chrétiens, disait-il, ne sont pas joyeux, ils traînent l'aile ; *c'est honteux !* »

Il disait à sa bien-aimée, lui tendant ses deux mains : — « Asseyons-nous dans les lieux célestes ! » — Les lieux célestes, n'est-ce pas l'éternelle aspiration de ceux qui s'aiment de l'éternel amour ?

Quand les souffrances devinrent plus vives, empruntant de poétiques paroles à l'un des beaux chants de Schulmann: — « *Ich grolle nicht. Je ne murmure pas!* » dit-il.

Entouré de ses plus intimes, il étreignait ceux de France par l'affection, par la prière ; et la crise passée, il souriait à la pensée de les revoir en Suisse, ou chez eux, bientôt.

Vers le soir — 13 mai — il suivit, seul avec sa bien-aimée, pour la dernière fois, l'allée de charmille. Les oiseaux voletaient, faisant leurs nids ; il répéta ces vers :

> Soyez comme l'oiseau posé pour un instant
> Sur des rameaux trop frêles,
> Qui sent ployer la branche, et qui chante pourtant,
> Sachant qu'il a des ailes.

Et sa bien-aimée se rappelait ces autres vers

qu'un autre soir, un soir de bonheur, après une
journée admirablement belle, il avait crayonnés :

> Des lueurs du couchant l'horizon se colore,
> Saluons du soleil les mourantes splendeurs !
> Il s'éteint, mais qu'importe, il va renaître ailleurs ;
> Chacun de nos couchants n'est-il pas une aurore ?

La poésie au front étoilé, la foi, l'ardent amour
l'accompagnèrent jusqu'à l'heure dernière. D'un
pas ferme il regagna le petit salon, le nid des
jours heureux ; évitant, lorsqu'il monta l'escalier,
de poser la main sur l'appui, crainte d'effrayer
par la vue de sa faiblesse croissante celle qui le
contemplait, muette de douleur.

Elle voulut passer derrière lui : — « Non !
dit-il. Tu sais que j'aime à t'avoir devant moi. »
Puis il s'avança sur le balcon, parmi les rosiers,
regarda les cieux clairs au levant, rentra avec un
visage radieux, mais d'une mortelle pâleur. La
maladie hâtait sa marche. D'effroyables douleurs
frontales — elles s'étaient répétées plusieurs fois
depuis la veille — le contraignirent de se coucher.
Il adressa la dernière parole, parole d'ineffable

tendresse, à sa bien-aimée, et s'endormit paisiblement.

L'espoir n'était pas éteint. Les prières, les détresses, tout s'élançait vers le ciel. Un cri se fit, le râle était survenu, l'espoir sombra. Dans cette chambre, il y avait deux agonies. A deux heures et demie du matin, le dernier souffle s'exhalait ; c'était le 14 mai 1871.

Si les années se comptent par la puissance des affections, par l'utile emploi du temps accordé, par les œuvres réalisées, le Cte Agénor de Gasparin a bien plus vécu que soixante et un ans (1).

Il est mort au poste d'honneur, au champ de bataille, au service de son Maître, dans l'accomplissement de la tâche la plus humble et la plus belle. Il est mort comme il a vécu : en paix. La paix, elle habitait son cœur ; elle fut sa compagne jusqu'au moment suprême ; apanage des forts, elle ne s'épanouit que dans la vérité.

(1) Il avait soixante ans et huit mois.

Son sentier ne s'est jamais infléchi. A travers le forum, le sénat, les déserts de l'Orient, les luttes acharnées de l'Europe, toujours plus lumineux, il s'est plus hardiment dressé vers les sommets. Chrétien épris d'amour et d'idéal, les tendresses humaines, les ravissements de la foi sont montés avec lui, jusqu'au seuil de l'éternité où l'attendait Jésus.

Le 16 mai, sa dépouille mortelle fut déposée dans le cimetière de famille, à Valleyres, près de l'église où son mariage avait été béni. Les habitants de la contrée suivaient en deuil. La voix de quelques humbles de ce monde — il les aimait bien — fit entendre sur la fosse ouverte les accents du cœur, expression émue des regrets et de la reconnaissance de tous ceux qui l'avaient connu.

Sur la pierre tumulaire, à côté de ces mots : « *Je sais en qui j'ai cru* », on aurait pu graver ceux-ci : « *J'ai combattu le bon combat.* » Le secret de la grandeur morale du Cte de Gasparin est là tout entier.

France, terre généreuse et féconde, tu as perdu un de tes plus nobles enfants. Il ne t'a jamais flattée, parce qu'il t'a aimée d'un saint amour : l'amour du fils, qui veut voir sa mère respectée et heureuse. Tes deuils ont été sa douleur. Ses prières, ferventes, persistantes, t'ont présentée à Celui qui tient dans ses mains les destinées des nations.

Tout cet enchaînement de la vie que nous venons de retracer : ces premières années déjà viriles, ces fortes études, ces souffles de liberté, cette foi conquise, ce combat jusqu'à la fin dans les sérénités de la paix, cette consécration aux causes éternellement vraies, tout cela ne serait-il qu'un météore à jamais éteint de ce côté-ci du tombeau ?

Non ; il en restera quelque chose pour les générations à venir. Ce qu'il a été donné à un homme de réaliser par sa foi, tous peuvent le faire dans la mesure de leurs forces, avec le même secours. Les dons et les positions varient

RIVAGE. — ALLÉE DE CHARMILLE.

à l'infini, mais le devoir est un, et la loi de solidarité qui enveloppe tous les membres de la famille humaine nous rend tous responsables devant Dieu. On peut servir Dieu dans la mansarde comme dans les palais, dans les ténébreuses profondeurs de la mine comme aux splendeurs du soleil, dans l'atelier de l'industrie comme dans le cabinet du savant, dans la possession des biens les plus désirables comme sur le lit de la souffrance et dans les tortures du cœur.

Jeunesse de France, je mets ici le cri de bataille du C^to Agénor de Gasparin : EN AVANT, ET EN HAUT !

FIN,

NOTE

Les armes des Gasparin, gravées sur le sceau de fer apporté en France par les ancêtres Corses au XVIe siècle, et religieusement conservées dans la famille, sont: d'azur à la fleur de lys d'or, accompagnées de trois étoiles d'or, à six rais, posées deux et un, avec cette devise caractéristique:

Ferro non Oro.

TABLE DES MATIÈRES

	Pages
Éducation	1
Le Lycée	9
Carrière publique	19
L'Orateur et l'Écrivain	41
L'Homme	71
Dernier Hiver	119
Note	148

ŒUVRES

DU

COMTE AGÉNOR DE GASPARIN

Nombre
d'éditions

De l'Amortissement, broch. Paris, 1834.

La France doit-elle conserver Alger, broch. Paris. 1834 ou 1835.

Esclavage et Traite, 1 vol. in-8. Paris, 1838.

Lettre à M. Athanase Coquerel, broch. Paris, 1840.

Lettre sur une question posée par l'ESPÉRANCE, broch. Paris, 1843.

Intérêts généraux du Protestantisme français, 1 vol. in-8. Paris, 1843.

Christianisme et Paganisme, 2 vol. in-8. Genève, 1846.

Réponse à la brochure de M. Ad. Monod, broch. Paris, 1849.

La Bible défendue, etc., broch. Paris, 1854.

Les Écoles du doute et l'École de la foi, 1 vol. in-8. Genève, 1854. — In-18, Paris, 1874. 3

La Bonne Guerre, cantique. Paris, 1855.

Des Tables tournantes, du Surnaturel et des Esprits, 2 vol. in-18. Paris, 1855.. 2

Après la Paix, broch. Paris, 1856 2

La Question de Neuchâtel, broch. Genève, 1857.

Un Mot de plus sur la Question de Neuchâtel. Genève, 1857.

Dernières Remarques sur la Question de Neuchâtel. Genève, 1857.

Innocent III, 1 vol. in-18. Paris (Genève), 1859. — Éd. success., Paris, in-18. 4

Le Bonheur, 1 vol. in-18. Paris, 1862.. 7

Les Perspectives du temps, 1 vol. in-18. Paris (Genève), 1860.

152 ŒUVRES DU COMTE AGÉNOR DE GASPARIN.

Nombre
d'éditions.

Un Grand Peuple qui se relève, 1re éd., 1 vol. in-8. Paris,
 1866. — Éd. success., in-18. 6

L'Amérique devant l'Europe, 1 vol. in-8. Paris, 1862. —
 Éd. success., in-18. 2

Une Parole de paix sur le différend entre l'Angleterre
 et les États-Unis, broch. Paris, 1862.

La Famille, 2 vol. in-18. Paris, 1865. 11

La Liberté morale, 2 vol. in-18. Paris, 1868. 4

L'Égalité, 1 vol. in-18. Paris, 1869. 4

Le Christianisme libéral et la Séparation de l'Église
 et de l'État, broch. Lausanne, 1869. (Réuni à
 L'Église selon l'Évangile.)

La Déclaration de guerre, broch. Paris, 1870. 2

La République neutre d'Alsace, broch. Genève, 1870. . . 2

Appel au patriotisme et au bon sens, broch. Genève,
 1871. 2

La France, 2 vol. in-18. Paris, 1872. 4

La Conscience, 1 vol. in-18. Paris, 1872. 6

Luther et la Réforme, 1 vol. in-18. Paris, 1873. 5

Le Bon vieux Temps, 1 vol. in-18. Paris, 1873 3

Les Réclamations des femmes, broch. Paris, 1873.
 (Réuni à L'Ennemi de la Famille.) 3

L'Ennemi de la Famille, 1 vol. in-18. Paris, 1874. . . . 5

Pensées de liberté, 1 vol. in-18. Paris, 1876. 3

Paroles de vérité, 1 vol. in-18. Paris, 1876. 2

Droits du cœur, 1 vol. in-18. Paris, 1878. 3

A PUBLIER

L'Église selon l'Évangile, 2 vol. in-18. (Sous presse.)
La Bible.
Questions diverses.
Discours et Brochures politiques.

SAINT-GERMAIN. — IMPRIMERIE D. BARDIN.